W0313929

« Je suis un menteur. Vous pouvez m'envoyer en prison pour dix ou quinze ans, vous ne me ferez pas changer ! »

[Frédéric Bourdin]

« Ce roman qu'il construit au jour le jour, c'est ce qui le tient en vie »

[Un directeur de foyer pour mineurs]

« A 23 ans, il avait déjà utilisé plus de quarante fausses identités. »

[Recensement effectué par Interpol]

« Un jeune homme extrêmement* intelligent *qui s'est fait passer à de multiples reprises pour un mineur en danger afin de manipuler les autorités »

[Un directeur de foyer pour mineurs]

***« C'est le roi des usurpateurs.
Le menteur machiavélique
aux dix, quinze, vingt identités »***

[L'Express]

« J'ai été faire un petit tour en enfer »

[Frédéric Bourdin au sujet des prisons américaines]

« Un incroyable mystificateur dont la perversité n'a d'égale que l'intelligence »

[Le Dauphiné Libéré]

« Je sais quoi faire pour qu'on n'oublie jamais mon nom »

[Frédéric Bourdin]

Le CAMELEON

L'INVRAISEMBLABLE HISTOIRE DE FREDERIC BOURDIN

PARUS CHEZ LE MÊME EDITEUR :

- Enquête -
LA FACE CACHÉE DE LA STAR AC'
Geneviève PETIT

- biographie -
YOUSSOU N'DOUR,
La voix de la médina
Michelle LAHANA

A PARAÎTRE :

LES PLUS BELLES HISTOIRES
D'AMOUR DE L'INTERNET,
Virginie MICHELET

PETIT GUIDE DE SURVIE DE
L'HOMME D'AFFAIRES EN CHINE
Jean-Edouard CHOPPIN

© Patrick Robin Editions/ROL, 2005
231, rue Saint-Honoré, 75001 Paris
robin@rol.fr

Le Caméléon, est une coédition : Patrick Robin Editions/SW-Télémaque
Dépôt légal : 1er trimestre 2005
ISBN: 2-7533-0014-3

Toutes reproductions même partielles de cet ouvrage est interdite
sans l'autoristation préalable de l'éditeur.

Christophe d'Antonio

Le CAMELEON

L'invraisemblable histoire de Frederic BOURDIN

Patrick Robin
Editions

« And the road becomes my bride / et la route devient ma compagne »

[Wherever I may roam - Metallica]

PROLOGUE

Je suis Léo Balley

L'orsqu'il descend du ferry en provenance de Douvres, ce samedi 21 février 2004, Frédéric Bourdin a pris sa décision. Il veut frapper un grand coup. Que ça fasse du bruit. Qu'on parle de lui. Après avoir réservé une chambre d'hôtel sous une fausse identité, une vieille habitude, Bourdin, alias le « caméléon nantais », un surnom de bande dessinée qu'il s'est fait tatouer sur l'avant-bras dans une prison américaine, entre dans un cybercafé du centre-ville de Calais.

Bourdin se branche sur un site Internet consacré aux enfants disparus. « Enfants disparus »... Une facilité de langage. En réalité, des enfants morts dont on n'a jamais retrouvé le corps, ni identifié l'assassin. Parmi ces enfants « disparus », il découvre la photo d'un petit garçon aux yeux tristes de six ans et demi, Léo Balley. Sur cette photo, publiée dans la presse à l'époque de sa disparition, le 19 juillet 1996, près de Grenoble, on voit Léo attablé devant une assiette vide. Il porte un gilet à manches longues fermé jusqu'au menton par une grosse fermeture Eclair. Bourdin lance une recherche ciblée sur Google : « Léo Balley ». Il se concentre sur les circonstances de la disparition du petit garçon et mémorise tous les détails publiés dans les journaux : les noms, les lieux, les dates.

Ce 19 juillet, Léo avait accompagné son père, Alain, et trois collègues de travail de ce dernier dans une randonnée sur le massif du Taillefer. En fin d'après-midi, le groupe installe son bivouac près des rives du lac Fourchu, à 2 000 mètres d'altitude. Alain Balley, un régisseur de spectacles divorcé de 36 ans, reste au bivouac tandis que Léo accompagne les trois autres adultes qui vont chercher de l'eau fraîche à une cascade distante d'un kilomètre. Très vite, Léo se plaint d'être fatigué. Les marcheurs n'ont alors parcouru qu'une centaine de mètres en direction de la cascade – c'est ce qu'ont calculé les gendarmes, sur la foi du témoignage des quatre adultes – et les collègues d'Alain Balley laissent le petit garçon rentrer seul au bivouac. Il est 17 h 30. Une heure plus tard, lorsque ses collègues rentrent au bivouac sans Léo, Alain Balley se lance à sa recherche. Deux heures plus tard, à 20 h 30, il redescend dans la vallée et donne l'alerte.

Depuis cet instant, Léo est officiellement porté disparu. Pendant huit jours, des gendarmes secouristes équipés de chiens et de caméras thermiques, des sapeurs-pompiers plongeurs, des chasseurs alpins, au total plusieurs centaines de professionnels expérimentés, secondés par un millier de volontaires, ont fouillé chaque buisson de la montagne, sondé chaque crevasse et dragué le fond des lacs alentour sur 150 hectares sans découvrir la moindre trace de l'enfant. Dans *Le Dauphiné Libéré*, le quotidien régional, « l'interminable angoisse » se transforme au fil des jours en « mystère Léo ». L'hypothèse de l'accident n'est pas formellement écartée mais, déjà, les journalistes ressortent les dossiers des précédents enlèvements d'enfants survenus dans la région et des disparitions non résolues. De son côté, le père de Léo continue d'arpenter la montagne, aidé de quelques amis et de volontaires.

Fin juillet 1996, le procureur de la République de Grenoble, prenant acte de l'échec des recherches, ouvre une information judiciaire contre X « pour enlèvement et séquestration de mineur ». La piste criminelle est désormais privilégiée mais les indices inexistants. Le père de Léo et ses trois collègues de travail ont été interrogés et mis hors de cause. La mère de Léo, qui vit en Bretagne, également. Reste l'hypothèse d'un pervers qui passait par là… Quelques semaines plus tard, alertés par le récit de randonneurs, les gendarmes de la brigade de recherche de Grenoble se lancent sur la trace d'une Citroën BX immatriculée dans les Bouches-du-Rhône. Une voiture correspondant à cette description a été signalée dans les environs le jour de la disparition de Léo. Son conducteur aurait été vu observant des enfants à l'aide de jumelles. Il faudra quatre mois de recherches aux gendarmes pour interroger chacun des 11 000 propriétaires d'une BX immatriculée dans les Bouches-du-Rhône. Un effort titanesque. En vain. Comme toutes les pistes qui se succèderont, c'est une impasse. Huit ans après la disparition de Léo, l'information judiciaire contre X est toujours ouverte et le mystère non résolu.

C'est exactement ce que Bourdin cherchait. Dans sa tête, ça fait tilt ! Un détail encore... Où était-il le 19 juillet 1996 ? C'est important. Il risque gros… Frédéric fouille dans sa mémoire. Réponse : à Bordeaux, dans un foyer pour mineurs, où il s'était fait admettre sous une fausse identité, comme d'habitude. De la mémoire, Bourdin en a beaucoup. Il en est fier : c'est un signe d'intelligence. C'est une arme. Et cette mémoire, il la travaille. Pendant sa longue détention aux Etats-Unis, il a fait le compte des foyers pour mineurs où il a dormi sous un nom d'emprunt. De tête, il en a recensé 137 à travers l'Europe : 42 en France, 27 en Italie, 21 en Espagne, 8 en Allemagne, 6 en Angleterre, 3 au Luxembourg, 3 en Autriche, 2 en Irlande et 2 en Ecosse. Un « exploit » qui lui vaut d'être fiché à Interpol, comme un vrai criminel.

En sortant du cybercafé, Bourdin se rend à une cabine téléphonique et compose le numéro d'appel d'urgence qu'il a relevé sur le site Internet de la gendarmerie. Il prend la voix d'un adolescent de 14 ans et explique à son interlocuteur qu'il est Léo Balley et qu'il vient d'échapper à ses ravisseurs, une famille de pédophiles du Nord de la France. La conversation dure à peine quelques minutes. Bourdin prend encore le temps d'expliquer qu'il veut retourner sur les lieux de son enlèvement puis il raccroche. Il a faim. Il sort de la cabine, traverse la rue et va s'acheter un jambon-tomates dans une sandwicherie. Lorsqu'il en ressort, les dents plantées dans son sandwich, la rue grouille de policiers et de gendarmes. « Ils ont fait vite ! », se dit Bourdin. Impressionné, il baisse la tête et rentre à son hôtel en se glissant entre les patrouilles.

Il ne ressort de sa chambre que le lendemain matin, pour prendre la direction de l'Isère en auto-stop, son moyen de transport favori. Entre deux prises en charge, il téléphone aux gendarmes depuis des cabines publiques sur les parkings d'autoroute. Un temps, il utilise un code à quatre chiffres permettant de masquer le numéro de la cabine d'appel mais les gendarmes découvrent vite la manœuvre et Bourdin se limite désormais à quelques phrases vite jetées, avant de sauter dans la voiture qui l'attend. Plus il approche de Grenoble, plus la présence des gendarmes devient visible. Au dernier péage, le déploiement policier est tel que l'homme qui l'a pris en stop lui jette un regard inquiet. Mais ils passent le barrage sans encombre et le conducteur dépose Bourdin dans le centre de Grenoble, à la nuit tombée. De là, il prend un car en direction du massif du Taillefer.

Arrivé à destination, au pied du massif, Bourdin avise une cabine téléphonique sur le bord de la route. Il est près de 22 heures. Se faisant passer pour un vacancier, il appelle les gendarmes et leur dit avoir vu deux adolescents se disputer sur le bord de la route. « L'un d'eux appelait l'autre Léo » précise-t-il, avant de décrire en détail les vêtements de l'adolescent. Bourdin conclut la conversation en donnant un nom bidon, raccroche, rabat la capuche de sa parka rouge sur sa casquette Nike noire et part en marchant sous la neige qui tombe à gros flocons. Quelques minutes plus tard, soit un peu plus de vingt-quatre heures après le premier appel qui a donné l'alerte, les gendarmes de la brigade de recherche de Grenoble recueillent au bord de la route un adolescent timoré, le visage à moitié dissimulé dans l'ombre de sa capuche. « Je suis Léo », leur dit-il.

Les gendarmes choisissent de ne pas prévenir Alain Balley : ils veulent d'abord s'assurer de l'identité de cet adolescent. Son histoire paraît tellement incroyable… Il leur faudra près de 72 heures pour y voir clair. Pendant ces trois jours de face-à-face, Bourdin répond aux questions de façon lapidaire et refuse de voir un médecin. Il refuse également de donner ses empreintes digitales. Les gendarmes auraient pu avoir recours à un examen radiologique pour déterminer avec précision l'âge de ses os, une technique fréquemment utilisée avec les immigrants illégaux qui tentent de se faire passer pour mineurs. Ils préfèrent solliciter un médecin légiste qui estime, après l'avoir examiné, que Bourdin n'a probablement pas encore dix-huit ans.

Finalement, c'est un prélèvement de salive qui le trahit : l'analyse de son ADN révèle qu'il n'est pas Léo Balley. Dès lors, la tension monte entre Bourdin, qui refuse toujours de révéler son identité, et les gendarmes, qui ne goûtent pas du tout la plaisanterie. De force, cette fois, ils relèvent ses empreintes digitales et interrogent les fichiers. La réponse leur vient d'Interpol. L'imposteur a 30 ans et une longue histoire judiciaire. Il a été plusieurs fois condamné en France, entre 1992 et 1997, pour « outrage à magistrat » et « dénonciation mensongère ». Il vient surtout de purger une peine de six ans aux Etats-Unis pour avoir usurpé –

déjà – l'identité d'un adolescent américain disparu. Alors qu'il est désormais placé en garde à vue, Bourdin entend les gendarmes pousser des exclamations de surprise dans les couloirs en se repassant son dossier. « C'est vraiment très fort ce que tu as fait », lui dit l'un d'eux. Bourdin apprécie le compliment. « Mission accomplie », se dit-il.

1

Un cas psychiatrique

Le Dauphiné Libéré, qui rapporte cette étrange histoire dans son édition du 28 février 2004, explique que le physique juvénile et les formidables talents de comédien de Bourdin ont trompé les gendarmes pendant trois jours. « Il s'agit d'un incroyable mystificateur dont la perversité n'a d'égale que l'intelligence », déclare le procureur de la République de Grenoble dans les colonnes du quotidien. Pour preuve de cette étonnante capacité à se glisser dans la peau d'un adolescent, *Le Dauphiné Libéré* revient sur la récente condamnation de Bourdin aux Etats-Unis : « Aussi incroyable que cela puisse paraître, il avait si bien joué son rôle qu'il avait été rendu à la famille de Nicholas Barclay (l'adolescent disparu) et avait vécu avec elle pendant quatre mois sans que personne ne s'aperçoive de la supercherie. » *Le Dauphiné Libéré* s'interroge également sur les motivations de cet « imposteur professionnel ». « Ce n'est apparemment pas l'appât du gain qui a poussé cet homme à agir. La piste pédophile ? Pourquoi pas ! Il tenait à être placé dans un foyer pour mineurs. » Le procureur de Grenoble interrogé se montre prudent : « Il est également possible qu'il ait fait ça uniquement pour le plaisir de jouer des rôles, d'être quelqu'un d'autre. Les experts psychiatres pourront sans doute nous éclairer là-dessus. »

Dans *Le Parisien* du même jour, Frédéric Bourdin est décrit, dans un court article comme un « routard affabulateur, psychologiquement fragile. » Dans son édition du 8 mars, c'est au tour de *Libération* de relater la « métamorphose » de cet homme de trente ans qui a réussi à se faire passer pendant trois jours pour un adolescent de quatorze ans. Un gendarme témoigne du trouble des enquêteurs : « Il a un visage juvénile, un corps svelte et utilise des crèmes dépilatoires. Il soignait sa voix, ses postures, ses réactions. Par moments, il éclatait d'un rire d'enfant timoré. Avec le recul, c'est très perturbant ».

Perturbant et tout aussi intriguant. Pourquoi un adulte voudrait-il prendre la place d'un enfant mort ? Dans quel but ? Et si Frédéric Bourdin est aussi intelligent que les gendarmes et le procureur de la République de Grenoble l'affirment, il ne pouvait pas ne pas savoir qu'il serait finalement démasqué. Combien de temps Frédéric Bourdin espérait-il cacher, dans l'ombre de sa capuche, cette larme tatouée sous son œil gauche ? Et comment expliquer ces autres inscriptions en espagnol tracées à l'encre de prison sur ses bras ? Bourdin devait savoir que son imposture ne tiendrait pas longtemps. Que cherchait-il, alors ?

Mis en examen pour « dénonciation mensongère de crime », le délit retenu pour qualifier cette histoire inventée d'enlèvement par un réseau de pédophiles, et pour « violences volontaires sur personne dépositaire de l'autorité publique et rébellion », pour avoir lancé un fauteuil sur un gendarme pendant sa garde à vue, une accusation qu'il conteste résolument, Bourdin a été placé, le 27 février, sous mandat de dépôt à la maison d'arrêt de Varces, près de Grenoble. Pendant sa détention, un portrait paru dans *L'Express* du 24 mai sous le titre « L'imposteur qui ne voulait pas grandir » prétend apporter des éclaircissements sur sa personnalité et ses motivations. Bourdin y est présenté d'abord comme « un gosse abandonné, éperdument en quête d'amour » mais surtout comme un « routard roublard » qui se livre depuis l'âge de sa première fugue « à une série d'impostures affectives, un trafic d'identités digne des meilleurs romans d'espionnage ». « Des gens l'ont aimé, écrit la journaliste de *L'Express*. Des gens l'ont aidé. Quelques jours, parfois quelques mois. Mais Frédéric Bourdin les a toujours trahis. C'est le roi des usurpateurs. Le menteur machiavélique aux dix, quinze, vingt identités. »

Le grand-père de Frédéric, Pierre Bourdin, livre à *L'Express* une clé pour comprendre son petit-fils : il veut être célèbre. A n'importe quel prix. Pourquoi ? Pour échapper au destin des autres Bourdin, qui est d'aller « trimer à l'usine », explique le paisible ouvrier retraité. On apprend également que Frédéric est né de père inconnu – « un homme marié qui a refusé de le reconnaître », croit savoir l'hebdomadaire – et que sa mère l'a « abandonné à ses propres parents avant de refonder une famille loin de lui ». *L'Express* expédie en une ligne les abus sexuels dont Bourdin affirme avoir été victime enfant mais revient avec force détails sur son plus bel exploit. Son « plus gros coup ». L'affaire qui lui a valu une condamnation à six ans de prison au Texas et les honneurs de plusieurs reportages à la télévision, en particulier dans le magazine *20/20* sur la chaîne américaine ABC et dans *Envoyé spécial*, sur France 2. « Comment a-t-il pu convaincre une mère qu'elle avait retrouvé son fils ? D'où vient sa vertigineuse force de persuasion ? Qui est vraiment Bourdin : (...) un pervers diabolique incurable ? », s'interroge l'hebdomadaire.

Effectivement, si l'on admet que Bourdin a réussi à tromper la mère d'un adolescent disparu et à vivre à ses côtés pendant quatre mois sans qu'elle ne soupçonne rien, c'est qu'il doit être le diable en personne... Bourdin a de nombreux talents, certes, mais pas celui-là. La vérité, c'est que ce « génial imposteur » s'est pris lui-même à son propre piège au Texas. A San Antonio, où il croyait embellir la légende de Bourdin-caméléon, il est tombé sur plus retors que lui : la mère de Nicholas Barclay, l'adolescent américain disparu, et sa sœur, qui est allé chercher Frédéric Bourdin jusqu'en Espagne pour le ramener « à la maison ». Mais le juge texan a préféré ignorer les soupçons qui pesaient sur les deux femmes et suivre le procureur de San Antonio qui demandait une peine exemplaire contre ce menteur pathologique venu de France.
Pendant la détention préventive de Bourdin à Varces, les gendarmes ont mené leur enquête. Ils n'ont rien trouvé d'autre que ce qui était déjà dans son dossier. Pendant des années, Bourdin a parcouru l'Europe du Nord au Sud et

d'Est en Ouest sous des identités d'emprunt. Il a ainsi réussi à se faire héberger parfois, dans des foyers pour mineurs, plus rarement, dans des familles d'accueil. Il a fréquenté, aussi, nombre de services pédo-psychiatriques. Il s'est fait rapatrier, plus d'une fois, au frais du consulat de France ou d'une ambassade étrangère. En deux occasions, c'est une grande chaîne de télévision qui lui a offert billets d'avion et chambres d'hôtel. Mais aucune trace d'escroquerie : Bourdin n'est pas un voleur, même s'il aime dormir dans des hôtels trois étoiles et claquer l'argent qu'il ne possède pas. Au moment de son interpellation, il accusait ainsi un découvert de 2 775 euros au Crédit Agricole d'Auch. De l'argent dépensé en cadeaux à ses cousins, cousines, oncles et tantes à son retour des Etats-Unis.

La piste pédophile, soufflée dès le premier jour à la presse, n'a rien donné non plus. Aucun antécédent connu. Si quelqu'un a été victime d'abus sexuels, c'est plutôt Bourdin lui-même. Faut-il, pour autant, le soupçonner d'avoir reproduit les comportements qu'il a subis ? La sexualité de Bourdin, autant que sa personnalité déroutante, interpelle la curiosité du juge d'instruction et des gendarmes. Ils n'ont découvert, après enquête, qu'une absence de sexualité avérée. Bourdin se déclare hétérosexuel et vierge. Un mystère de plus.

Devant un personnage aussi énigmatique, la tentation est grande d'en appeler au verdict de la psychiatrie. Un expert, mandaté par la justice, a diagnostiqué « une personnalité extrêmement complexe dont les traits essentiels sont représentés par des facteurs manipulateurs, séducteurs et surtout pervers ». « La dangerosité du sujet, poursuit l'expert psychiatre dans son rapport rendu, début mai, au juge d'instruction, nous paraît tout à fait évidente, tant dans le cadre de sa manipulation que même dans le cadre d'autres domaines dont nous n'avons aucune preuve : comment a-t-il pu survivre sans aucun revenu ? Comment peut-il voyager soi-disant en auto-stop ? Nous n'en savons rien mais il manque beaucoup d'éléments réels et indiscutables dans son curriculum vitae. » N'ayant pas obtenu de réponse satisfaisante à ses questions pratiques sur l'auto-stop, le psychiatre en conclut que Bourdin est un cas sans espoir : « Nous sommes très pessimistes sur les modifications de telles personnalités et la possibilité de les adapter à une activité quelconque. »

Le juge des libertés a pourtant décidé de remettre en liberté Frédéric Bourdin, le 23 juin 2004, au terme de quatre mois de détention préventive. Libération assortie d'un contrôle judiciaire qui contraint Bourdin à pointer toutes les deux semaines au commissariat le plus proche de son domicile jusqu'à son procès, qui devrait avoir lieu à l'automne 2005. Selon l'avocat grenoblois de Frédéric Bourdin, Me Sébastien Villemagne, le juge des libertés a pris en compte le fait que la peine maximale prévue pour « dénonciation mensongère de crime » n'excédait pas trois mois de détention. Il a également pris acte que la dangerosité présumée de Bourdin n'était pas confirmée par les témoignages recueillis par les gendarmes.
Cependant, il y a un point au moins sur lequel Bourdin confirme le diagnostic de l'expert psychiatre. Vivre comme tout le monde et trouver un travail ne fait pas partie de ses projets. A peine libéré, il le reconnaît avec franchise et

une pointe de défi. « Ce serait prétendre être quelqu'un d'autre que moi. Je le sais, j'ai essayé », dit-il. Ce jour-là, Bourdin a la peau grise et les vêtements sans couleurs d'un homme qui sort de prison. Difficile de l'imaginer dans la peau d'un gamin de 14 ans. De taille moyenne (1,75 m), brun et mince, toute l'énergie de ses traits semble concentrée dans le bas de son visage, dans sa mâchoire large et carrée. Il ne se sépare pas de sa casquette, qui cache un front immense accentué par un début de calvitie et porte des lunettes de myope aux épaisses montures métalliques, modèle Sécurité sociale. Sur la joue gauche, sous la larme tatouée à l'encre verte, il porte les fines cicatrices de deux coups de cutter et, sur ses deux avant-bras, d'autres souvenirs de prison. Accompagné de son avocat grenoblois, il parle à voix basse et baisse les yeux comme un garçon timide. La rencontre a lieu à Paris, dans le bureau d'un producteur de télévision pour évoquer le projet de tourner un documentaire sur sa vie. Libéré de Varces avec 113 euros en poche, Frédéric Bourdin a besoin d'argent pour payer sa chambre d'hôtel : il écoute les propositions. Plus tard, il a d'autres rendez-vous, avec d'autres gens qui s'intéressent à son histoire. C'est ce qu'il espérait en appelant les gendarmes de Grenoble.

Après quelques journées passées à l'air libre, rasé de près et d'humeur détendue, Frédéric Bourdin paraît avoir rajeuni de dix ans, une impression confirmée par les portraits réalisés ce même jour par le photographe François Darmigny. Il a troqué sa casquette pour un bandana mexicain rose et noir et porte des lunettes noires bon marché qui lui donnent un air vaguement « racaille ». Dans l'ensemble, Frédéric Bourdin s'habille comme un adolescent de banlieue : survêtement, blouson de toile, sweat-shirt et baskets. Des vêtements qui ont également l'avantage d'être pratiques quand, comme lui, on passe beaucoup de temps sur la route. Installé à une terrasse de café devant un Coca – il ne boit pas d'alcool et ne fume pas – il tient son verre à deux mains pour le porter à sa bouche, comme un enfant qui a peur de le laisser tomber. Il a souvent les mains qui tremblent. Frédéric Bourdin parle football. En supporter, il croit dur comme fer aux chances de l'équipe de France à l'Euro, qui se dispute, en ce début d'été ensoleillé, au Portugal. Après avoir passé en revue les forces et les faiblesses des adversaires de la France, c'est d'une voix égale qu'il revient sur les récents événements de Grenoble. « Pour Léo, j'assume. J'ai réussi ce que je voulais faire. Mais je n'ai pas appelé la famille. J'ai appelé les gendarmes : c'est eux que je voulais réveiller. » Sous son assurance retrouvée affleure alors une certaine mégalomanie. Bourdin semble croire en son pouvoir de relancer une enquête au point mort depuis huit ans. Sur la base de quels éléments nouveaux ? Aucun, sinon sa conviction personnelle. « La solution saute aux yeux, assure-t-il, sérieux comme Hercule Poirot. C'est gros comme le nez au milieu de la figure ! »

C'est peut-être ce qu'il comptait expliquer, à ses risques, à son procès. Ce procès qu'il voulait transformer en tribune pour se raconter, se faire connaître. Il en sera probablement quitte pour une audience à la sauvette, entre un voleur de sacs et un chauffard. Et à une nouvelle condamnation qui, venant s'ajouter aux précédentes, alourdira encore ce curriculum vitae de récidiviste qui le rend toujours plus suspect aux yeux de la société. Mais pourquoi tient-il tant à devenir célèbre ? Assis sur un banc, au milieu des badauds parisiens qui jettent des miettes de pain aux canards du square des Batignolles, Frédéric Bourdin explique qu'il veut « qu'on sache qu'il existe, qu'on l'écoute et qu'on comprenne qu'il est quelqu'un de bien ». Et après ? « Si je deviens célèbre, j'en profiterai pour faire des choses bien », dit-il. Et, pour cela, il est prêt à gâcher sa vie en prison ? « Mais qu'est-ce que j'ai fait d'autre, toutes ces années, sinon me mettre en danger ? », répond-il d'une voix tranchante.

Que faut-il penser de ce Bourdin-détective, enveloppé du sombre manteau du justicier solitaire ? S'agit-il d'un nouveau masque ? D'un nouveau stratagème qui a germé dans son esprit pervers sans cesse porté vers de noirs desseins ? C'est sans doute ce que conclurait le psychiatre qui ne croit pas à l'auto-stop, avec toute l'humilité de ces experts qui prétendent déchiffrer l'âme d'un homme en l'interrogeant pendant deux heures derrière une porte gardée par un gendarme. Cependant, il faudrait être aveugle pour ne pas voir ce que cette nouvelle création de l'imagination fertile de Bourdin nous apprend de son rapport à la réalité. Qu'est-ce que ce redresseur de torts qui se place au-dessus des lois et prétend « réveiller les gendarmes », sinon un héros tout-puissant comme il n'en existe que dans les romans d'aventures ?

Pour peu que l'on s'intéresse à ce qu'a été sa drôle de vie et que l'on écoute ceux qui l'ont connu enfant puis adolescent – sa famille, ses camarades d'école ou de foyers, les éducateurs et les juges pour enfants sous la responsabilité desquels il a été placé jusqu'à sa majorité – il apparaît que Frédéric Bourdin a trouvé refuge il y a déjà longtemps dans un monde imaginaire dont il est le héros. Il n'a même pas attendu, pour cela, de se heurter à la réalité des hôpitaux psychiatriques, des tribunaux et des prisons. « A partir de l'âge de douze ans, tous les soirs en allant au lit, je m'inventais un monde où j'étais le seul maître à bord. Rien ne pouvait y pénétrer, rien ne pouvait me toucher. En plus d'être invincible, j'avais tous les pouvoirs imaginables : je pouvais punir, récompenser, conquérir d'autres mondes (...) et le plus incroyable, c'est que je ne me suis jamais arrêté », expliquait-il dans une lettre écrite en cellule, à Varces, un jour qu'il était en veine de confidences.

Il faut reconnaître que Frédéric a eu, très tôt, dans cette vie qui a mal commencé, de bonnes raisons de vouloir s'échapper. Au début, la fuite, c'est une pulsion. Avec le temps, c'est devenu une stratégie de survie. De cette fuite perpétuelle, de ses mensonges, de ses provocations, Frédéric Bourdin fait, chaque jour, un roman dont il croit détenir la clé. Un « délire », peut-être, comme le pense l'un de ses anciens éducateurs qui voulait le confier aux soins d'un thérapeute quand il avait quatorze ans. Un roman tragique et déroutant, certainement, qui a déjà valu à Frédéric Bourdin de passer la moitié de sa vie d'adulte derrière les barreaux. Mais c'est la voie qu'il s'est tracée. Ou plutôt, comme il le dit lui-même, la voie « qui s'est imposée à lui ».

2

Les Bourdin

Lorsque, dans le cybercafé de Calais, le choix de Frédéric Bourdin s'est arrêté sur le petit Léo Balley, un élément important l'a conforté dans sa décision : le lieu, Grenoble, pour deux raisons. La première, Bourdin n'y était pas connu : il n'y avait jamais eu affaire à la justice locale. La seconde, c'est que Grenoble n'est qu'à quelques kilomètres de Saint-Marcelin, où son grand-père coule depuis plusieurs années une retraite paisible au côté de sa nouvelle compagne, Lucette. « C'est sûr, je me suis senti visé », reconnaît Pierre Bourdin. Impression confirmée, quelques semaines plus tard, lorsque *L'Express* publie une lettre envoyée de la maison d'arrêt de Varces par Frédéric : « Je déteste ma famille. Ils sont répugnants et me dégoûtent profondément. Ils ne pensent qu'au fric », écrit-il, rageur, du fond de sa cellule. La guerre est déclarée. Cela faisait partie de son plan lorsqu'il a déclenché l'opération Léo Balley. Faire du bruit. Faire qu'on parle de lui et en profiter pour éclabousser sa famille. Frédéric Bourdin utilise les médias pour régler ses comptes et l'effet produit par la lettre publiée dans *L'Express* le réjouit : « Quand je n'étais qu'un gosse et que je leur disais qu'un jour je me vengerais, ils me riaient au nez. Aujourd'hui, ils doivent le regretter », commente-t-il à sa sortie de prison. Si Frédéric Bourdin est aujourd'hui ce qu'il est, un éternel fugitif en butte à toutes les règles de la vie en société, c'est au milieu dans lequel il a grandi, à sa famille, qu'il le doit en grande partie. C'est une évidence. Et s'il éprouve autant de ressentiment envers les siens, c'est parce que, chez les Bourdin, personne ne se reconnaît la moindre part de responsabilité. Personne et, en premier lieu, ni sa mère, ni son grand-père ne veut admettre ses torts : dans cette famille divisée, c'est toujours la faute de l'autre.

Pierre Bourdin récuse en bloc les accusations lancées par son petit-fils. Selon lui, ce que reproche Frédéric à sa famille, c'est, en réalité, d'être né du mauvais côté, dans le camp des défavorisés. « Il se figure que tout est de la faute de sa famille parce que sa famille est pauvre », dit Pierre Bourdin, pour qui c'est le fond de l'affaire, la clé pour tout comprendre. « Frédéric aurait voulu être quelqu'un mais il sait qu'il n'en a pas les moyens. Il n'a pas fait d'études, il n'aime pas travailler. Travailler, c'est la seule solution quand on n'est pas né riche, comme Frédéric. Ces bêtises, c'est tout ce qu'il a trouvé pour briller », affirme ce grand-père qui, de son propre aveu, a raté sa vie et dont les six enfants ont quitté l'école à seize ans pour entrer à l'usine. « J'ai eu une vie épouvantable », répète-t-il souvent, comme une excuse. A 80 ans, Pierre Bourdin se plaint d'avoir le cœur faible. Il a été déjà victime de plusieurs malaises. Mais ce paisible retraité aux cheveux blancs et au ventre rond ne donne pas l'impression d'un homme cassé par la vie. Il a gardé toute sa tête et, dans la famille, on dit qu'il a mis de l'argent de côté et qu'il vit bien. Assis à la table de la cuisine, dans cette petite maison grise et sombre de la campagne vendéenne où Frédéric a passé une partie de son enfance, il ne trouve pas d'excuses à ce petit-fils qui s'acharne à « traîner sa famille dans la boue ». « A moins que Frédéric ne souffre du même mal étrange qui a frappé sa tante, avance Pierre Bourdin dès les premières minutes de la conversation. J'y ai pensé, dit-il. Eva, la sœur de mon père, avait la maladie de la persécution. C'est peut-être dans les gènes. Un jour, poursuit-il, ma tante Eva est rentrée chez elle en se plaignant qu'on lui avait volé ses papiers. Ses papiers étaient toujours à leur place dans son portefeuille mais elle ne voulait rien entendre. Jusqu'à la fin de sa vie, elle n'a cessé de faire des crises. Parfois, au cinéma, elle se levait et montrait une femme du doigt : " C'est elle. C'est elle qui m'a volé mes papiers ! " »

Pierre Bourdin est né en 1924, à l'hôpital Lariboisière de Paris, et il se souvient avoir été pauvre toute sa vie. « Je me suis marié avec cinquante francs en poche », dit-il. Il n'a jamais eu de chance. « La faute à la guerre », ajoute-t-il. Fils unique d'un cuisinier et d'une femme de chambre, il habitait rue Chapon, dans le IIIe arrondissement de Paris, et allait à l'école près de la place des Arts-et-Métiers. « J'adorais l'école, pas comme Frédéric, ajoute-t-il. Mais la guerre a brisé ma carrière. » Son père est envoyé au STO à Hambourg, dans le Nord de l'Allemagne. Lui se retrouve à Saint-Patrice, en Touraine, dans le canton de Langeais, employé comme aide-comptable dans une scierie réquisitionnée par les Allemands. « Dans un sens, je n'étais pas trop malheureux », dit-il. Après la guerre, à 20 ans, Pierre Bourdin s'engage dans l'armée. « Je voulais être pilote mais j'ai été recalé à la visite médicale », explique-t-il. Faute de survoler les nuages dans un chasseur de l'armée de l'air, il passe trois ans au service météo, en Allemagne, dans la Forêt-Noire. Il aurait pu rester plus longtemps dans l'armée. « Mais je n'aimais pas être commandé », ajoute-t-il.

Démobilisé, il se retrouve seul à Paris. Son père et sa mère sont morts. « Je couchais sur les bancs, comme un clochard. Je suis allé frapper à la porte des usines. » Pierre Bourdin trouve un emploi aux Câbleries de Clichy, une usine de la proche banlieue parisienne. C'est là qu'il rencontre sa future femme, Marceline Cottreau, « une pauvre fille, elle aussi », dit-il, qui y travaille comme dactylo. Dans la famille, on raconte que c'est grâce à une petite annonce publiée dans un journal que Marceline Cottreau a rencontré Pierre Bourdin. Mais celui-ci dément : c'était à l'usine. Pierre Bourdin a tout consigné dans des carnets d'écolier couverts d'une écriture appliquée. « Pour que mes enfants sachent plus tard quelle vie épouvantable j'ai eu », dit-il. Dans la famille, on dit aussi que le père de Marceline, originaire de Vendée, était protestant et que, là d'où il venait, les protestants n'épousaient pas des catholiques, en souvenir des terribles persécutions – les dragonnades, les galères – subies par les protestants à l'époque de Louis XIV dans tout l'Ouest de la France. Cette fois, Pierre Bourdin confirme : « Mon beau-père était un homme têtu : il ne voulait pas d'un gendre catholique ». Marceline fait intervenir sa grand-mère, qui réussit à amadouer son père. C'est cette grand-mère, aussi, qui laisse au jeune couple l'usage du petit deux pièces qu'elle occupe rue La Fayette, près de la gare du Nord. « Un logement minuscule », se souvient Pierre Bourdin, qui devient invivable quand la famille s'agrandit. Et elle s'agrandit vite. Le premier enfant du couple, Ghislaine, la mère de Frédéric, naît le 31 décembre 1956, suivie, un an plus tard, de sa sœur Monique. Viennent ensuite Sophie, en 1958, et Elizabeth, en 1959. Pierre Bourdin tente d'obtenir un logement plus confortable en s'adressant à la mairie du Xe arrondissement : on lui répond qu'il faut compter deux ans d'attente.

Le 4 mai 1960, c'est noté dans ses cahiers, il reçoit néanmoins un courrier de la préfecture de Paris qui l'invite à visiter un logement neuf de quatre pièces dans une nouvelle cité de transit qui vient de sortir de terre à Nanterre, dans la banlieue nord-ouest de Paris. Quatre pièces dans du neuf, c'est inespéré. Pierre Bourdin et sa famille seront ainsi parmi les premiers locataires à s'installer aux Marguerites, six barres blanches parallèles de cinq étages chacune construites sur d'anciens terrains vagues du Petit Nanterre, en bordure de ce qui deviendra l'autoroute A86. En tout, il y a là 260 logements destinés à reloger provisoirement – d'où son nom de cité de transit – des familles parisiennes défavorisées : cas sociaux, familles nombreuses à faibles ressources, chômeurs, invalides, veuves ou mères célibataires. A ceux-là s'ajoutent des familles de ferrailleurs des environs de Nanterre et même des vagabonds raflés par la police (on parle d'une famille qui campait dans les bois de Saint-Germain-en-Laye). Enfin, à partir de 1965, les Marguerites sont utilisées pour reloger les familles, essentiellement algériennes, qui peuplent encore les infâmes bidonvilles de Nanterre. Un mélange forcément détonant mais ça, Pierre Bourdin ne le sait pas encore lorsqu'il s'installe avec femme et enfants dans son F4.

Il ne reste pratiquement aucune trace de la cité des Marguerites, qui a été rasée à la fin des années 80 pour être remplacée par un entrepôt des magasins But. Trois anciennes photos en noir et blanc prises du ciel, sur lesquelles on distingue six barres blanches au milieu d'un décor triste et inhospitalier, et deux maigres entrefilets, en vingt ans, dans *Nanterre Infos*, le mensuel d'informations de la ville de Nanterre, pour signaler des incidents. Les Marguerites ont toujours eu mauvaise réputation et, comme toutes les cités de transit bâties à la hâte dans les années 60, elles ont été effacées de la mémoire de la ville comme des tâches honteuses. C'est tout le quartier lui-même, d'ailleurs, qui pose un problème à la municipalité de Nanterre, un bastion communiste depuis 1935. Le Petit Nanterre, à la limite de Colombes à l'Est, bordé par la Seine au Nord et par une voie ferrée au Sud, était déjà une sorte de ghetto urbain avant même que le concept ne soit importé en France. Le quartier s'est, en effet, construit dans la plus totale anarchie autour d'une prison, qui a ouvert ses portes en 1887. Avec le temps, cette prison, rebaptisée Maison départementale, est devenue un dépôt de mendicité où l'on entasse les misérables : clochards, vieillards et malades sans ressources. Sur les terrains vagues alentour poussent des maisons de fortune habitées par des ferrailleurs ou des familles de travailleurs précaires. Puis, à partir des années 50, avec l'expansion industrielle et les premières grandes vagues d'immigration maghrébine, ce sont de véritables bidonvilles – des milliers de cabanes de planches, de tôle et de parpaings plantées dans la boue – qui sortent de terre. Pendant la guerre d'Algérie, ces bidonvilles sordides et insalubres deviennent des bastions du FLN et leur population, la cible d'incessantes rafles policières. Une histoire qui laisse forcément des traces.

Il n'y a rien d'étonnant, donc, à ce que la cité des Marguerites, construite au cœur d'un quartier difficile et où s'entassent autant de familles à problèmes, soit devenue, en quelques années, une des premières cités « sensibles » de France. Un « centre de transit dont on ne sort pas », relève un article d'octobre 1971, paru peu après une intervention spectaculaire des CRS. Après avoir entièrement bouclé la cité pendant plusieurs heures, fouillé les sacs des habitants qui se rendaient à leur travail et inspecté les caves, les CRS ont interpellé 34 habitants de la cité. Ils ont saisi quelques vieilles pétoires hors d'usage et une collection d'insignes nazis appartenant à un type un peu dérangé. S'ensuit, dans l'article, une description de ce que les autorités présentent à la suite de cette opération de police comme un « refuge d'asociaux et d'inactifs » : « (…) des portes d'entrée ont été arrachées et ont disparu, des carreaux manquent aux fenêtres, certains escaliers menant aux caves sont encombrés de gravats ». Dix ans après sa construction, la cité des Marguerites se déglingue à vue d'œil. Le même article rappelle que les habitants de la cité, une population à 60 % immigrée, s'y sont installés « pour quelques mois, en attendant de trouver mieux, il y a déjà plus de dix ans… ». Josette Prudent, une assistante sociale installée dans la cité, a vécu de 1962 à 1975 dans un F4 des Marguerites, qui était à la fois son logement et son bureau. Elle se souvient des problèmes « innombrables » dont était fait son quotidien. De cette route qui passait devant la cité et sur laquelle six enfants ont été fauchés avant qu'on se décide enfin à y installer un feu rouge et aussi de ces jeunes qui arrachaient des fils du téléphone, les lignes à peine posées. « Les barbus payaient les gamins pour en récupérer le cuivre », raconte-t-elle. Au milieu des années 70 sévit « la bande des Marguerites », dont la réputation a franchi les limites de la ville. Ce sont, pour la plupart, des jeunes Algériens menacés d'expulsion après leur passage à la maison d'arrêt de Fleury-Mérogis, qui vivent dans une quasi-clandestinité. Quelques bavures policières, comme la mort suspecte en détention d'un jeune de la cité, Alain Khetib, en 1975, ajoutent à la tension. Une tension qu'on peut lire sur les murs de la cité. « Police. Maintenant, c'est la guerre » proclame un graffiti. A la fin des années 70, avec la montée du chômage chez les jeunes et la hausse spectaculaire de la consommation de drogue, la cité des Marguerites est également connue pour être un centre du trafic de haschisch. Pierre Bourdin se souvient qu'il était fréquemment « bombardé de tomates par les Arabes » mais il a continué de vivre aux Marguerites jusqu'à sa retraite, en 1986.

Ghislaine, sa fille aînée, n'a que des bons souvenirs de son enfance à Nanterre. Pour elle, c'était l'époque de Sheila, de Claude François, de Mike Brandt. Elle se rendait chaque jour à l'école du Petit Nanterre avec ses copines en prenant le bus 167. A la maison, c'était différent. Elle raconte que son père hurlait souvent. A l'arrivée de chaque nouvelle facture, en fait. L'argent était toujours un problème. Parfois, dit-elle, son père ne se contentait pas de hurler. « Un jour, j'avais 14 ans, je l'ai menacé avec une chaise pour qu'il arrête de frapper ma mère », raconte-t-elle. Sa sœur Monique ne se souvient pas avoir vu son père frapper sa mère mais elle confirme qu'avec un salaire pour huit, l'argent était un sujet de conflit permanent et que tous les enfants étaient habillés par le Secours catholique. « C'est mon père qui gardait l'argent car il reprochait à ma mère d'être trop dépensière, se rappelle Monique Rossemann. Il lui donnait cinquante francs le matin pour faire les courses et elle devait lui rendre des comptes le soir. » Marceline Bourdin, née Cottreau, a laissé à Josette Prudent, l'assistante sociale des Marguerites, le souvenir d'une femme « très brave et très simple ». Pour arrondir les fins de mois, Marceline Bourdin, qui est décédée en 1997, s'était lancée dans la vente à domicile de produits de beauté. Une mauvaise affaire. « Elle s'était retrouvée confrontée à de gros problèmes financiers et nous avions dû intervenir pour l'aider », raconte l'ancienne assistante sociale.

Comme sa mère avant elle, et comme ses sœurs après elle, Ghislaine Bourdin quitte l'école aussitôt après le certificat d'études, à 16 ans. Son père la place alors chez l'une de ses tantes, Gilberte Onraita, qui tient un restaurant routier aux Ormes, près de Châtellerault (Vienne). Ghislaine y travaille comme serveuse, sans être payée. Pour elle, ce n'était rien d'autre que de l'esclavage. « En un an, j'ai touché cent francs en tout et pour tout », affirme-t-elle. De sa tante Gilberte,

Ghislaine conserve le souvenir d'une avare. « Comme mon père, qui gardait l'argent des allocations familiales et nous habillait au Secours catholique, ajoute-t-elle. C'est le même que tante Gilberte, en pire. » Après un an de ce régime « mal logée, mal nourrie, pas payée », Ghislaine profite d'une visite de sa sœur Monique pour s'enfuir avec elle. Les deux sœurs partent à pied à l'aube en direction de Châtellerault. Elles dorment dans une gare et sont rattrapées le lendemain par les gendarmes. Leur père est là, aussi. Ghislaine raconte qu'il a frappé sa sœur Monique mais qu'il n'a pas osé lever la main sur elle : « il savait que je n'avais pas peur de lui », dit-elle. Lorsqu'il parle de sa fille aînée, Pierre Bourdin explique qu'elle a toujours eu « un caractère de cochon ».

Sur les photos de cette époque, Ghislaine Bourdin apparaît comme une jeune fille au corps plein et robuste. Avec ses cheveux châtains tirant sur le roux et sa peau claire, elle a l'air d'une fille de la campagne. Aujourd'hui, à 48 ans, c'est une femme marquée qui fait plus que son âge. Employée comme aide-ménagère dans une maison pour personnes âgées, des problèmes cardiaques récurrents et une récente opération de la hanche l'ont affaiblie et lui ont creusé les traits. Mais, au-delà de ses problèmes de santé, dans les attitudes, les expressions et même la façon de s'habiller, le contraste avec l'apparence de retraité paisible de son père n'en est que plus saisissant : ils n'ont pas l'air d'appartenir à la même classe sociale. Comme si, chez les Bourdin, l'ascenseur social avait fonctionné dans le mauvais sens…

De retour à Nanterre, Ghislaine trouve un emploi en intérim à l'usine Excel du Petit Nanterre. Elle travaille à la chaîne, à l'emballage des paquets de margarine. C'est là qu'à 17 ans, elle rencontre un ouvrier algérien de 25 ans, Kaci. Elle ne se souvient pas de son nom de famille, seulement qu'il était « sérieux, propre, gentil, honnête ». Kaci devient son amant et Ghislaine tombe enceinte. Alors qu'elle est entrée dans son troisième mois de grossesse, Ghislaine apprend que Kaci est déjà marié et qu'il a trois enfants qui vivent avec leur mère, en Kabylie. Elle rompt avec Kaci sans un mot d'explication, sans lui dire qu'elle porte son enfant et quitte l'usine, où son contrat d'intérim a expiré. « C'était une oie blanche », dit son père, qui, trente ans après, fait encore mine de croire que le père de Frédéric était un « juif marocain ». « Il tenait un petit café et lui avait fait croire qu'elle pourrait travailler avec lui », ajoute-t-il. Pierre Bourdin dit aussi que lorsqu'il a voulu rencontrer l'amant de sa fille, une assistante sociale des Marguerites le lui a déconseillé car « il risquait de prendre un mauvais coup ». Lorsque Ghislaine apprend à sa mère qu'elle est enceinte, cette dernière le répète à son père. Pierre Bourdin affirme que ce n'était pas son idée de pousser Ghislaine à avorter – en 1974, l'avortement est d'ailleurs illégal en France, pour quelques mois encore – mais la volonté de sa femme. « Moi, je suis contre l'avortement. A la demande de ma femme, je suis quand même allé voir un médecin qui a dit qu'après trois mois, c'était trop tard. » C'est une toute autre version que livre Ghislaine. « Mon père m'a dit : “ C'est un sale nègre. Je ne veux pas de ce gosse. Fais-toi avorter ! ” », raconte-t-elle. Ghislaine résiste à la volonté paternelle et quitte l'appartement de ses parents pour s'installer dans une HLM, à quelques centaines de mètres des Marguerites.

C'est ainsi que Frédéric Pierre Bourdin naît, le 13 juin

1974, de père inconnu, à l'hôpital de Nanterre. « Et voilà ! Un " crouille " dans la famille », note Pierre Bourdin dans ces carnets que son petit-fils a lus en cachette, des années plus tard. « J'étais curieux de tout ce qui me concernait », explique Frédéric. Après la naissance de son fils, Ghislaine retourne à l'usine. Elle travaille comme empaqueteuse à l'usine Sanrival de Puteaux. Elle ne voit plus Kaci et ne le reverra plus pendant des années. Jusqu'en 1983, exactement, lorsqu'elle effectue un nouvel intérim de quelques mois à l'usine Excel du Petit Nanterre. Kaci y travaille toujours. Un jour, elle lui montre une photo de Frédéric. « C'est drôle, il ressemble comme un jumeau à mon fils », remarque-t-il. « C'est normal », répond Ghislaine. Elle ne lui en dit pas plus et il ne demande rien. « Il avait une nouvelle amie », raconte Ghislaine.

Selon sa mère, Frédéric avait 8 ans lorsqu'elle lui a dit qui était son géniteur. Plus tard, lorsqu'il avait 18 ans, elle lui a indiqué le nom et l'adresse de l'usine où il travaillait. « Mais il n'est pas allé le voir », semble-t-elle regretter. Pour Frédéric, c'était, de toute façon, bien trop tard. « On m'a menti depuis que je suis né. Sur qui était mon père (...) Ma mère me disait que mon père était un Algérien de grande taille, élégant. Une tante me disait qu'il était petit, moche et portugais. Donc, je ne sais rien sur mon père. Rien de crédible », explique-t-il dans l'une de ses premières lettres de prison. L'une de ses anciennes institutrices raconte qu'il était fier de raconter aux autres écoliers que son père était algérien. Dans le village de Vendée où il vivait alors, « cela faisait de lui quelqu'un de différent, de spécial », commente-t-elle. Des propos qui font bondir Frédéric Bourdin. « C'est faux, jamais je ne m'en serais vanté », dit-il. Quelques années plus tard, lorsqu'il était adolescent, une éducatrice du premier foyer dans lequel il avait été placé, se souvient en effet lui avoir entendu tenir des propos racistes à l'encontre des Maghrébins. Frédéric explique qu'il a été élevé dans un milieu xénophobe, ce que confirme sa mère. « J'ai grandi avec la honte que mon père soit possiblement maghrébin. Alors, je voulais être un Anglais car il m'apparaissait qu'eux, on les aimait bien. Comme disait mon grand-père, ils ne baissaient pas leur froc comme De Gaulle, eux ! » Quant à ce père biologique qui ne l'a jamais reconnu et qu'il n'a jamais rencontré, Frédéric considère que « le sujet est clos ». Et cette absence de père, c'est, logiquement, à sa mère qu'il en fait porter la responsabilité. « Grâce à la personne qui m'a mis au monde, je n'ai pas de père », dit-il. En 1999, la mère de Frédéric Bourdin mentait encore par omission en déclarant à une journaliste du magazine de télévision *Envoyé spécial* que le père de son fils était « un homme marié, père de six enfants ». Un petit mensonge repris, cinq ans plus tard, dans l'article de *L'Express*. L'identité du père biologique de Frédéric reste, en quelque sorte, un secret de famille. La propre sœur de Ghislaine, Reine Drouart, affirme tout ignorer de lui encore aujourd'hui. « Ghislaine n'a jamais parlé à personne du père de son fils », assure-t-elle.

Tandis que Ghislaine travaille à l'usine, c'est Marceline, la grand-mère, qui garde Frédéric et l'élève avec ses autres enfants encore en âge d'aller à l'école. Reine, la cadette, n'a que neuf ans, Christophe, douze, et Elizabeth, quinze ans. Sophie et Monique, qui ont achevé leur scolarité et entrent dans la vie active, habitent elles aussi chez leurs parents.

Pour Pierre, le grand-père, qui part le matin à 6 heures pour aller travailler à Gennevilliers, où il est chef de transport chez L'Air Liquide, cela fait donc une bouche de plus à nourrir. « Ghislaine gardait l'argent qu'elle gagnait pour aller danser », accuse-t-il. Ghislaine, qui n'a pas encore 18 ans, sort, le samedi soir, avec sa sœur Monique, chez Mimi Pinson, une boîte de nuit populaire des Champs Elysées fréquentée par les jeunes banlieusards. Mais pas plus de deux fois par mois, assure-t-elle. « Ma mère me reprochait mes fréquentations, explique Ghislaine. Elle détestait, pour une raison que j'ignore, une collègue que je voyais parfois en dehors du travail. C'était une femme de 45 ans, mariée et mère de deux enfants, mais pour ma mère, c'était une putain. « Pour le reste de la famille, cependant, la cause est entendue : Ghislaine « ne s'occupait pas de son fils » et se déchargeait de ses responsabilités sur sa mère. « Ma femme, c'était une crème, explique Pierre Bourdin. Elle ne savait pas dire non. Ghislaine lui parlait mal et la traitait comme une bonniche. »

En 1977, Frédéric a deux ans et demi, c'est un petit garçon aux cheveux châtains bouclés et aux grands yeux noirs, lorsque Ghislaine reçoit une convocation du juge pour enfants de Nanterre. Ses parents sont convoqués avec elle. « Nous avions fait venir les aides sociales pour qu'elles constatent dans quelle misère on était, explique le grand-père. On nous a répondu qu'il n'y avait que deux solutions : pour Frédéric, c'était soit l'Assistance publique, soit nous, ses grands-parents, qui le prenions à la maison. (...) Je le considérais comme mon propre gosse, alors j'ai dit que l'on alllait essayer de le garder, et Ghislaine, ça l'arrangeait… » poursuit Pierre Bourdin. Encore une fois, le récit de ces événements fait par la mère de Frédéric diverge sensiblement des souvenirs de son grand-père. « Lorsque je me suis retrouvée en face de la juge pour enfants, j'ai compris que ma mère avait écrit au juge sur l'ordre de mon père pour obtenir la garde de Frédéric, dit Ghislaine. Et la juge a gobé tout ce que disaient mes parents. » Elle réfute également l'idée qu'elle aurait accueilli favorablement la décision du juge pour enfants de lui retirer la garde de son fils. « Je pleurais en sortant de chez la juge, raconte-t-elle. On m'avait retiré mon fils, on me faisait passer pour une moins-que-rien. » Pour Ghislaine, ce n'était qu'une question d'argent : « Mon père voulait récupérer l'argent des allocations familiales », accuse-t-elle. Christophe Bourdin, le frère cadet de Ghislaine et l'oncle de Frédéric, avoue s'être souvent demandé pourquoi on avait retiré l'enfant à sa mère. Après réflexion, il n'écarte pas l'hypothèse que sa mère se soit « approprié » son petit-fils, un cas de figure qui n'a rien d'exceptionnel dans les rapports parfois compliqués entre mère et fille. De l'avis de tout le monde, Marceline adore son petit-fils et le gâte outrageusement. Est-ce pour acheter l'amour de Frédéric qu'elle lui donne des pièces et lui passe tous ses caprices ? En tout cas, lorsqu'on demande à l'enfant s'il veut retourner vivre avec sa mère, il répond qu'il préfère rester avec sa grand-mère. « Parce qu'elle lui donnait plus d'argent de poche », affirme Ghislaine qui a, plus d'une fois, accusé sa mère devant témoins et, parfois, devant Frédéric lui-même, de lui avoir « volé son fils ».

Au sein de la famille, personne, cependant, ne fait état de maltraitance subie par Frédéric. Pas même le grand-père, qui assure que Ghislaine n'a jamais fait de mal à son fils. C'est pourtant ce qu'affirme un ancien éducateur de Frédéric au foyer des Grézillières, qui parle de « maltraitance grave ». C'est aussi ce que dit Frédéric lui-même. « Je me rappelle qu'elle était malade et qu'elle me frappait pour le plaisir de me voir pleurer et, ainsi, de pouvoir me consoler. Elle faisait des simulations de malaise quand j'étais seul avec elle pour m'effrayer, afin que je courre chercher de l'aide (elle aussi avait besoin d'amour). » Ghislaine Parpaillon, son nom de femme mariée, affirme qu'elle n'a jamais frappé son fils à cette époque. Plus tard, lorsque Frédéric était plus âgé, elle reconnaît lui avoir donné des coups de poing car « c'était le seul moyen de le calmer lorsqu'il était violent ». Ghislaine Parpaillon se souvient en effet qu'elle a fait une tentative de suicide en avalant des cachets, alors que son fils était venu passer le week-end chez elle, à Nanterre. C'est Frédéric, alors âgé de 4 ans, qui était allé sonner chez les voisins pour appeler à l'aide. « Je me souviens du jour où j'ai alerté tout l'immeuble car ma mère n'allait apparemment pas bien et je voyais que de m'avoir vu effrayé de la sorte lui faisait plaisir : elle souriait avec de la malice dans les yeux, je ne l'oublierai jamais ! », raconte-t-il de son côté.

S'il y a eu maltraitance et, *a fortiori*, maltraitance grave, ces faits devraient logiquement être mentionnés dans le dossier du juge des enfants de Nanterre. Malheureusement ce dossier semble s'être égaré lors du déménagement du tribunal de grande instance de Nanterre, au début des années 80. Six mois après la mise en examen de son client et malgré ses démarches répétées, Me Sébastien Villemagne, l'avocat grenoblois de Frédéric Bourdin, n'avait toujours pas obtenu copie de ce dossier, qui demeurait introuvable. Pour preuve qu'elle n'a jamais été accusée de maltraitance, Ghislaine Parpaillon invoque le fait qu'elle n'a jamais été poursuivie par la justice, ni formellement déchue de ses droits maternels. Un argument qu'une ancienne juge des enfants, qui a eu connaissance du dossier de Frédéric Bourdin, ne considère pas comme totalement convaincant. « A la fin des années 70, ce type de maltraitance n'entraînait pas nécessairement des poursuites judiciaires, ni n'entraînait automatiquement la déchéance des droits maternels », explique-t-elle. La même magistrate ajoute néanmoins que la décision de confier Frédéric à la garde de ses grands-parents fut une lourde erreur. Car si Ghislaine était jugée trop immature pour prendre soin de son enfant, la raison de cette incapacité se trouvait nécessairement dans son milieu familial, qui ne l'y avait pas préparée. Né de père inconnu et séparé de sa mère à 2 ans, Frédéric Bourdin en tirera, plus tard, la conclusion qu'il est « né dans le mensonge ». Pour lui, rien de ce qu'on lui dit de ses origines n'est vrai. Pour les psychologues, sa personnalité s'est construite à partir de « représentations parentales bancales » et quand il apprendra, plus tard, que son grand-père voulait forcer sa mère à avorter, il en déduira que sa famille, dès l'origine, ne souhaitait pas qu'il vive.

3

Mouchamps

Trois ans après qu'on lui a retiré la garde de son fils, Ghislaine ne proteste pas quand sa mère lui annonce qu'elle emmène Frédéric vivre avec elle en Vendée, dans une petite maison héritée de son père. A-t-elle définitivement renoncé à récupérer son fils ? Elle prétend que non et assure qu'elle parlait souvent à sa mère de sa volonté de reprendre Frédéric avec elle. « Mais jamais au juge pour enfants, j'avais coupé les ponts », précise-t-elle. Des discussions qui n'ont mené nulle part car Pierre et Marceline Bourdin ne voient pas d'un bon œil le nouveau compagnon de leur fille aînée. Deux ans plus tôt, en effet, en 1978, Ghislaine a rencontré un nouvel homme, Ali Saidani. Il a alors 24 ans, il est célibataire et dit être instituteur en Algérie. Mais son diplôme n'est pas reconnu en France et, de plus, il est en situation irrégulière : il n'a pas de permis de séjour.

« Il prenait soi-disant des cours par correspondance pour devenir dépanneur-télé », croit se souvenir le père de Ghislaine. « En fait, ce type restait au lit pendant qu'elle allait travailler. Ghislaine s'était encore fait rouler », ajoute-t-il. Pour une fois, le père et la fille sont à peu près d'accord. « Ali ne travaillait pas et prenait ma paye, confirme-t-elle. Au début, tout allait bien. Puis il est devenu affreusement jaloux : je n'avais pas le droit de parler aux autres hommes. » Ali Saidani, qui passe ses journées entre son lit et ses parties de dominos au café, est également un homme violent. Un jour, alors que leur fille Kahina, née en janvier 1981, est encore un bébé, il frappe sa compagne si brutalement avec une tringle à rideau qu'elle fait une fausse couche. Ghislaine porte plainte. Ali Saidani est arrêté et envoyé en prison. Il en ressort trois mois plus tard et revient s'installer avec Ghislaine et sa fille à la cité des Pâquerettes. « Il n'était plus violent mais il me prenait toujours ma paye », raconte-t-elle. Il est clair qu'à cette époque, le couple que forme Ghislaine Bourdin et Ali Saidani ne présente pas toutes les garanties de stabilité pour un enfant. En avril 1980, Marceline Bourdin part donc pour la Vendée avec son petit-fils.

La campagne vendéenne, les arbres, les vaches, pour un enfant de 5 ans, ça peut ressembler au paradis après la cité des Marguerites. Adieu le Petit Nanterre, son univers d'asphalte et de béton et son ciel chargé de fumées d'usines ! Marceline et son petit-fils s'installent à Mouchamps, un bourg de 3 000 âmes au cœur du bocage, un joli village juché sur un escarpement rocheux, au pied duquel coule une rivière, le Petit Lay. Ce village a une histoire, qui fut longtemps liée à celle des seigneurs du Parc Soubise, les

Lusignan, les Parthenay puis les Rohan. Des seigneurs engagés dans la Réforme, au XVIe siècle, qui sont à l'origine de l'existence d'une importante communauté protestante à Mouchamps. Quelques siècles plus tard, Mouchamps a donné un autre homme célèbre à la France, Georges Clemenceau. Le « Tigre » de la guerre 14-18 est enterré à quelques kilomètres du bourg, à proximité du Colombier, une gentilhommière du XVIIe siècle qui était la demeure de famille des Clemenceau. L'ancien président du Conseil y repose près de son père sous un rectangle de terre, sans pierre tombale ni inscription. Les deux sépultures voisines sont délimitées par une grille de fer et, selon la volonté de l'ancien directeur de *L'Aurore*, il est impossible au visiteur de distinguer une tombe de l'autre. Bel hommage d'un fils qui sait ce qu'il doit à son père. Mouchamps s'enorgueillit aussi d'être le berceau d'un aviateur célèbre, René Guilbaud, l'un des pionniers de l'aéronavale, disparu en mer à bord de son hydravion, en 1928, en allant porter secours à l'équipage d'un dirigeable italien qui s'était écrasé au pôle Nord.

Voilà pour l'histoire. Au présent, Mouchamps ressemble à des milliers d'autres villages français, avec ses deux cafés plantés face à face sur la place principale, ses deux boulangeries, deux restaurants, trois garages, trois salons de coiffure, quatre banques et deux auto-écoles. C'est pour s'occuper de sa mère âgée que Marceline Bourdin prend possession de la modeste maison d'un étage construite dans une étroite rue en pente qui descend vers la rivière. Une maison aux murs gris ciment et aux volets blancs qui compte quatre pièces étroites : une salle à manger et une chambre au rez-de-chaussée, deux chambres et une salle de bains à l'étage. Il n'y a pas de jardin, seulement une petite cour agrémentée d'un lilas rose et de quelques fleurs plantées le long du mur. Outre Frédéric, Marceline emmène avec elle sa plus jeune fille, Reine. Ils seront rejoints plus tard par Christophe et son amie, Marinella. La mère de Marceline, qui vivait depuis des années à Mouchamps avec son fils, s'est retrouvée seule à la mort de ce dernier. « Il s'est étouffé avec un steak. C'était pas un gars sérieux, il buvait », explique Pierre Bourdin. Selon lui, des gènes alcooliques courent dans la famille et seraient en partie responsables de la déchéance de sa fille Elizabeth, la tante préférée de Frédéric, décédée à l'âge de 39 ans. Un médecin le lui a confirmé après le décès d'Elizabeth, assure Pierre Bourdin.

Marceline Bourdin est née Cottreau, une vieille famille de protestants vendéens établis depuis des générations dans la région. On a ainsi retrouvé la trace d'un Cottreau envoyé aux galères sous Louis XIV. Mais à Mouchamps, quand elle revient s'y installer avec ses enfants, c'est une parisienne. Et, dans la cour de l'école, Frédéric, le petit parisien, imite sa grand-mère. Pour se faire des amis, il distribue des bonbons. « Il ne pensait pas qu'on pouvait l'aimer pour lui-même. Il fallait qu'il donne », estime Michèle Sylvestre, son ancienne institutrice. Mais, à Mouchamps, un enfant qui a les poches pleines de bonbons, c'est mal vu. Il doit voler dans le porte-monnaie de sa grand-mère, pense-t-on. C'est ce que décrit Jean-Claude Sylvestre, le mari de Michèle Sylvestre, qui fut également l'instituteur de Frédéric Bourdin, dans un reportage diffusé dans l'émission *7 à 8*, sur TF1, peu après l'affaire de Grenoble. Il est vrai, aussi, que Frédéric Bourdin a commencé très tôt à se distinguer des autres enfants de

Mouchamps, autrement qu'en distribuant des bonbons à la récréation. Très jeune déjà, il invente des histoires invraisemblables, des fables dont il est le héros. Il raconte, par exemple, que son père est un espion. « Des histoires pour épater les autres, pour qu'on l'aime », explique son ancienne institutrice. Elle garde le souvenir d'un gosse turbulent, trop agité, trop impulsif pour faire un bon élève mais « très à l'aise à l'oral, dix fois plus à l'aise à l'oral qu'à l'écrit ». « Je crois qu'il regardait beaucoup la télévision à la maison », ajoute-t-elle pour expliquer cette facilité d'expression. « Il parlait avec l'aisance d'un adulte », confirme Guillaume Bodin, l'un de ses anciens camarades de classe. « On sentait bien qu'il avait besoin qu'on s'intéresse à lui et que, pour cela, il devait faire des choses extraordinaires. C'était un vrai boute-en-train. Il nous faisait beaucoup rire mais on se doutait aussi qu'il ne ferait par un cursus ordinaire », poursuit-il.

Son ancienne institutrice se souvient néanmoins avoir noté des changements dans le comportement de Frédéric peu après son arrivée à Mouchamps. Dans la cour de l'école, il baisse sa culotte devant les autres enfants. « Je vais vous montrer la lune », leur promet-il. En classe, il s'amuse à changer de voix dans le dos de l'institutrice pour semer la confusion. Chez lui, aussi, il se met à raconter des bobards. A 7 ans, il rentre un jour à la maison avec une grosse brioche qu'il affirme avoir gagné... à un concours de belote ! « Bien sûr, on ne l'a pas cru car il était trop jeune pour jouer à la belote », raconte Reine Drouart, la plus jeune de ses tantes. Sa famille découvre le lendemain que Frédéric a acheté la brioche à crédit et l'a fait mettre sur le compte de sa grand-mère. C'est à la même époque qu'il commet son premier larcin d'enfant. Il dérobe un porte-monnaie dans la voiture d'une femme du village. « Je l'ai vue glisser son porte-monnaie dans son sac en sortant d'un magasin et je l'ai suivie, raconte Bourdin. Elle est allée jusqu'à sa voiture et a jeté son sac à provisions dans le coffre sans le fermer à clé. J'ai attendu qu'elle s'éloigne et j'ai ouvert le coffre. J'ai pris l'argent, il y avait mille francs je crois, une somme irréelle pour moi, et j'ai caché le porte-monnaie sous une grosse pierre devant la maison de ma grand-mère. » « Le porte-monnaie était si mal caché que, pour moi, il avait fait en sorte qu'on sache que c'était lui », se rappelle Yvon Bourgueil, l'éducateur des Herbiers dont dépendait alors Frédéric. Un appel au secours ? C'est ce que pense à l'époque l'éducateur, qui soupçonne le jeune garçon de grandir « dans un milieu familial qui ne le protège pas ». Ses grands-parents étaient, en effet, les seuls à connaître certains événements survenus dans la vie de Frédéric qui auraient pu expliquer ces écarts de comportement. Mais ni son grand-père, ni sa grand-mère, surtout, n'ont su ou voulu faire le lien entre les premiers mensonges, les première bêtises de Frédéric et les abus sexuels qu'il leur a raconté avoir subis de la part du voisin, peu de temps après leur installation à Mouchamps, en avril 1980.

Au numéro 7 de la rue de la Martinière, dans une petite maison accolée à celle des Bourdin, et tout aussi modeste, vivent une vieille femme, Marguerite M., et son fils, Michel. « Un simple d'esprit qui n'aurait pas fait de mal à une mouche », dit de lui l'ancien maire de Mouchamps, Bernard Vachon. « Il lui manquait quelque chose. Il faisait un peu

Quasimodo mais c'était un gars doux comme un agneau », se souvient Christophe Bourdin, l'oncle de Frédéric, qui a travaillé quelques années plus tard dans la même entreprise que Michel M.. Ghislaine, la mère de Frédéric, ne l'aimait pas : « il avait une tête de fouine et des yeux sournois », dit-elle. Michel M. a 23 ans, en 1980, lorsque les Bourdin s'installent au numéro 5 de la rue de la Martinière. A cette époque, il ne travaille pas et passe ses journées à boire au bar-PMU de Mouchamps. « Un ivrogne », tranche Pierre Bourdin. Michel M. a vécu et il est mort en « vieux gars ». Personne ne se souvient l'avoir vu en compagnie d'une femme, sinon celle de sa vieille mère. Sa seule distraction, quand il ne boit pas, est de regarder des dessins animés à la télévision. Et Michel M. invite Frédéric, qui n'a pas encore 6 ans, à venir les regarder avec lui.

« Un jour, il s'est livré sur moi à des jeux, des attouchements. Nous étions complètement nus, raconte Frédéric Bourdin dans une lettre écrite en prison. A partir de ce jour-là, chaque fois que je le voyais, j'étais terrorisé. Je faisais demi-tour si j'en avais le temps et, quand je ne le voyais pas, j'étais terrorisé à l'idée de le voir. Quand j'allais, parfois, dans son jardin pour récupérer mon chat, il m'attrapait et me tripotait, me faisait des propositions dégueulasses, infectes, me menaçant quand je résistais un peu. » Qu'a-t-il dit, ce jour-là, à sa grand-mère en rentrant de chez Michel M. ? « Ce que je pouvais leur dire avec mon vocabulaire d'enfant : que M. m'avait montré son zizi et qu'il m'avait demandé de lui montrer le mien », explique-t-il. C'est assez pour qu'on lui interdise de retourner voir des dessins animés chez le voisin, si l'on en croit sa tante Reine, le seul témoin vivant des confidences de l'enfant. Elle avait 15 ans à l'époque. « Sur le coup, ma mère ne l'a pas cru », se souvient-elle. Quelque temps plus tard, cependant, Marceline Bourdin en parle à Odette Bonnifait, une femme de sa génération qui habite Mouchamps depuis toujours. Selon la tante de Frédéric, Odette Bonnifait aurait conseillé à Marceline Bourdin de se méfier de Michel M. « Il est possible que votre petit-fils dise la vérité. Il y a déjà eu des histoires », aurait-elle expliqué. Toujours selon sa tante, la grand-mère de Frédéric n'a pas ébruité l'affaire pour ne pas faire de tort à la mère de M.. « Personne n'a osé lui en parler car elle était trop vieille », ajoute Reine Drouart. Marceline Bourdin a attendu deux mois pour en parler à son mari, qui, à l'époque, vit encore à Nanterre. Mais Pierre Bourdin n'a pas pris l'affaire au sérieux. « Ce n'était qu'une histoire de zizi. Deux gamins qui se montrent leur quéquette », insiste-t-il encore aujourd'hui. Une esquive grossière qui ne sert qu'à justifier sa lâcheté d'alors, quand tout aurait pu être réglé par une franche explication entre hommes et un bon coup de poing dans le nez du voisin. « Si ç'avait été mon fils, je lui aurai arraché la tête à ce type ! », dit aujourd'hui Reine Drouart, la tante de Bourdin, rouge de colère à cette seule idée. Mais, à l'époque, personne n'a pris la défense de Frédéric. Pendant toutes ces années, l'affaire a été mise sur le compte de son imagination débordante. « Si ç'avait été vrai, je suppose que Frédéric nous en aurait reparlé. S'il fallait qu'on écoute tout ce qu'il dit », dit sa tante. Frédéric, en effet, n'en a plus jamais reparlé. Ni à son grand-père, ni à sa mère, ni à aucun de ses éducateurs. A personne. « J'avais trop honte. La première fois que je l'ai dit a été la dernière car le rire de ma tante et l'indifférence de ma grand-mère m'avaient bien fait comprendre que c'était moi le coupable ! », explique-t-il dans une lettre écrite 25 ans après.

Frédéric Bourdin se dit convaincu que d'autres enfants de Mouchamps ont été molestés par Michel M.. Une affirmation sans preuves. Si ce dernier était bien le pédophile décrit par Bourdin, c'est resté, jusqu'à sa mort, un secret bien gardé. Pas de victime déclarée. Pas de témoin. Mais, si l'on prend en compte l'époque, le contexte, une petite communauté où tout le monde se connaît, et la personnalité de Michel M.– un « simplet » – cela n'aurait rien d'étonnant. De fait, l'attitude de certains habitants de Mouchamps, qu'on peut présumer mieux informés que d'autres, trahit une certaine ambiguïté. Ainsi le médecin de famille de M., le docteur Hugues Vilain est appelé sur les lieux à la mort de Michel M., le 4 août 1992, pour constater le décès. Une scène pénible. Le médecin trouve un corps en état de décomposition avancée. Noir. Couvert de mouches. Une puanteur indescriptible règne dans la maison où M. vivait seul depuis la mort de sa mère. « Mon chien hurlait à la mort depuis plusieurs jours et je ne comprenais pas pourquoi », raconte Pierre Bourdin. Ce sont les collègues de travail de Michel M. qui ont donné l'alerte, après plusieurs jours d'absence inexpliquée. Derrière la maison, on découvre une chaussure et des traces de sang dans l'escalier qui monte à la chambre où Michel M. s'est couché pour mourir. Le docteur Hugues Vilain trouve la scène suspecte et refuse de signer le permis d'inhumer. Un substitut du procureur de la Roche-sur-Yon est dépêché sur place, accompagné par une équipe de la gendarmerie des Herbiers, et une information judiciaire ouverte. Quelques jours plus tard, l'examen du médecin légiste conclut à une mort naturelle : Michel M. a succombé à une hémorragie stomacale. Le dossier est donc classé sans suite, le 22 septembre 1992. Pourtant, douze ans après, le docteur Hugues Villain n'est toujours pas convaincu. Et il ne faut pas le pousser beaucoup pour lui faire dire qu'il soupçonne Frédéric Bourdin d'être pour quelque chose dans la mort de Michel M. : « Il était chez ses grands-parents, à cette époque », affirme le médecin de village. En réalité, Bourdin était à Mouchamps, fin juin, pour fêter ses 18 ans en famille. Il en reparti, début juillet, en direction de l'Est, ce que confirme son grand-père. En août, au moment du décès de Michel M., Bourdin était, selon ses souvenirs, entre l'Allemagne et l'Autriche. Le docteur Hugues Vilain est un homme soupçonneux mais il devient fuyant quand on l'interroge sur l'origine de ses soupçons. Quel aurait été le mobile de Frédéric Bourdin pour assassiner Michel M. ? L'argent ? M. n'en avait pas. Pour subsister, il avait trouvé un emploi sans qualification : il nettoyait au karcher un abattoir de poulets. Ne reste que la vengeance… Mais le médecin de Mouchamps refuse de croire à ces accusations de pédophilie. Ses explications s'embrouillent. A la fin, il refuse même d'admettre que Michel M. était un alcoolique pathologique et que, selon toute probabilité, c'est de ça qu'il est mort à 35 ans.

Pour Pierre Bourdin, les soupçons du docteur Vilain trouvent leur origine dans la mauvaise réputation de son petit-fils. « Pour les gens d'ici, c'est un traîne-savate, il a l'air d'un voyou », dit-il. Cette réputation est déjà ancienne. Bourdin était le mouton noir de Mouchamps bien avant que la télévision ne raconte son étrange odyssée au Texas.

Après l'affaire du porte-monnaie volé, il est devenu naturellement suspect dès qu'un larcin était commis dans le village. Sa mère raconte ainsi qu'il a parfois été accusé à tort, en une occasion, notamment, pour couvrir le fils d'un notable, coupable d'un petit cambriolage. A la gendarmerie des Herbiers ou chez les pompiers, on s'est habitué, aussi, à ses appels anonymes pour signaler un incendie imaginaire. Avec l'expérience, les gendarmes ont appris à ne plus tomber dans le panneau. « C'est du Bourdin », se disent-ils et, à l'occasion, les gendarmes font une remontrance à son grand-père. Son ancien éducateur garde le souvenir d'un garçon « extrêmement attachant » dont chacun des écarts de conduite était un appel à l'aide. Yvon Bourgueil a gardé en mémoire un dessin que Frédéric lui avait donné lorsqu'il avait 10 ans. C'était une bande dessinée qui le montrait chez lui, fuyant les cris de sa grand-mère. On le voyait ensuite se rendre au bord de la rivière, dans laquelle il tombait. Il était sur le point de se noyer lorsqu'un pêcheur le tirait de l'eau avec ses filets. Ce qui avait frappé Yvon Bourgueil dans ce dessin d'enfant, c'est qu'il était exécuté à l'envers. Il partait du coin en bas à droite de la feuille et remontait vers le coin en haut à gauche. « Ce dessin m'a fait penser à l'écriture arabe, de droite à gauche », se souvient l'éducateur. Frédéric Bourdin a oublié le dessin mais il se rappelle l'épisode qui l'a inspiré. « Ça s'est vraiment passé. Je suis tombé dans la rivière et j'ai été sauvé par un ami de mon oncle », dit-il. A l'âge de 10-11 ans, Frédéric est exclu d'un centre aéré où il allait le mercredi, après avoir menacé de jeter une allumette dans la cuve à fuel et de tout faire sauter, témoigne son ancien éducateur. La conclusion s'impose finalement. « C'était une erreur tragique de le maintenir dans ce milieu, estime Yvon

Bourgueil. On se rendait compte que peu d'enfants allaient bien dans la famille. » En 1986, Frédéric Bourdin a douze ans lorsque le juge pour enfants de la Roche-sur-Yon décide de le retirer à sa famille et de le placer dans un foyer.
« Sa grand-mère, la pauvre femme, n'en pouvait plus », dit Pierre Bourdin, qui, à cette époque est venu s'installer à Mouchamps à son tour. Le grand-père de Frédéric a atteint, en 1986, l'âge de la retraite et il a enfin quitté Nanterre et la cité des Marguerites. « Du jour où mon grand-père est venu s'installer à Mouchamps, je n'étais plus chez moi », note Frédéric Bourdin. Ghislaine, la mère de Frédéric, n'est pas très loin non plus. Elle vit depuis peu aux Herbiers, à quelques kilomètres de Mouchamps, avec sa fille Kahina, âgée de 5 ans. Le père de Kahina, Ali Saidani, est rentré en Algérie. Il est parti pour l'enterrement de sa mère et, faute de permis de séjour, n'a pas pu revenir en France. Depuis quelques temps, déjà, il ne donne plus signe de vie à sa petite fille. Depuis, en fait, qu'il a appris que Kahina avait été baptisée en son absence. Ghislaine Bourdin est venue s'installer en Vendée en raison de ses problèmes de santé, explique-t-elle. Le cœur. A 20 ans, elle a déjà été opérée une fois, à Paris, à l'hôpital Laennec. Depuis, elle souffre d'arythmie cardiaque et porte un *pacemaker*. L'année précédente, Frédéric est allé passer une semaine avec sa mère et sa sœur à Nanterre pendant les vacances scolaires. « Ça s'était bien passé », dit-elle. Mais elle sait aussi que ses éducateurs s'inquiètent. Ils jugent anormal le comportement de Frédéric avec sa grand-mère. « Il criait sur sa grand-mère, il la frappait. Quand elle est morte, il l'a regretté », dit son grand-père. Frédéric Bourdin le confirme. C'est, dit-il, le plus grand regret de sa vie : il ne se pardonne pas d'avoir été cruel avec cette grand-

mère « trop bonne pour savoir dire non ». Lorsqu'elle est morte, il était en prison au Havre. Bourdin ajoute qu'il se reprochera jusqu'à la fin de sa vie de ne s'être jamais excusé, ni de lui avoir dit combien il l'aimait. De cette époque, il dit aussi se repentir d'avoir été cruel avec les animaux. Frédéric Bourdin reconnaît ainsi avoir frappé et fouetté son chien, tué des poules à coups de pierre et noyé des cochons d'Inde et des moineaux. Pendant plusieurs années. Un aveu dont il sait la portée et l'interprétation que ne manqueront pas d'en faire les psychiatres. « Je n'étais qu'un gosse qui se vengeait de son malheur sur des animaux », se défend-il. A cette époque, il est déjà question de faire suivre Frédéric par un psychothérapeute. « Mais il fallait que Frédéric soit d'accord et il a refusé », affirme sa mère.

Ghislaine n'a pas été consultée lorsque la décision a été prise de placer son fils dans un foyer. Elle n'a pas, non plus, effectué la moindre démarche auprès du juge pour enfants pour récupérer la garde de Frédéric, reconnaît-elle. « Pourtant, je crois que j'aurais peut-être réussi à en faire un enfant normal », dit-elle aujourd'hui avec des larmes dans les yeux. Des larmes de regret tardives car Ghislaine Bourdin ne s'est jamais vraiment battue pour son fils. C'est ce que Frédéric pense depuis longtemps et il ne lui a jamais pardonné cet abandon. Et si les lettres qu'ils échangeaient lorsque Frédéric était détenu aux Etats-Unis prouvent qu'ils n'ont jamais rompu totalement, elles montrent aussi qu'il est impossible d'effacer le passé. « On t'a volé à moi à l'âge de 2 ans. On a tout fait pour nous éloigner l'un de l'autre et nous sommes devenus des étrangers », écrit ainsi Ghislaine Parpaillon à son fils, en septembre 2002. « C'est sa vérité.

Ça l'arrange de croire ça aujourd'hui. De tout façon, c'est trop tard. Avec ma mère, il y a longtemps que c'est trop tard », commente Bourdin. Et, sans aucun doute, il compte sa mère au premier rang de ceux, tous les Bourdin, dont il dit vouloir se venger. Ses « neveux » et « nièces » – en réalité ses cousins et ses cousines – sont les seuls membres de sa famille pour lesquels Bourdin déclare de l'affection, hormis sa grand-mère et sa tante Elizabeth, qui ne sont plus de ce monde. Embrassant tous les autres dans un même ressentiment, il dit : « Je les pardonnerai sans doute un jour mais je ne pardonnerai jamais ce qu'ils m'ont fait. »

4

Fugueur

Sur les photos de cette époque, quelque chose a changé dans l'apparence de Frédéric Bourdin. Il s'est coupé les cheveux presque ras, sacrifiant ses boucles brunes. « Il en avait honte », dit sa mère. Son visage s'est allongé, il a perdu ses joues d'enfant. C'est aussi à cette époque, comme il le raconte, qu'il a commencé à trouver refuge dans un monde imaginaire. En débarquant à 12 ans au foyer des Grézillières de Basse-Goulaine, une banlieue résidentielle de Nantes, Frédéric Bourdin découvre la promiscuité inhérente à ce genre d'établissement pour jeunes garçons en difficulté. Une promiscuité qui prend une dimension menaçante, la nuit, après l'extinction des feux. Selon le récit qu'en fait Bourdin, il était de coutume, alors, que les garçons plus âgés – les grands de 14 à 16 ans – se choisissent un « favori » parmi les plus jeunes. Un compagnon docile pour leurs jeux sexuels d'adolescents. Frédéric raconte qu'il avait été choisi à son arrivée par un certain Gaetan T. mais qu'il a refusé de se prêter au jeu. « A partir de ce jour-là, j'ai été régulièrement agressé et abusé toutes les nuits, pendant deux ans, par deux autres grands, Anthony P. et Christophe S. », dit-il. Des agressions à caractère sexuel, insiste-t-il, qui allaient au-delà des simples rapports de domination et des actes d'intimidation habituels entre garçons regroupés dans un lieu clos. « Le pire, c'est que les éducateurs le savaient et le toléraient », accuse-t-il. « C'est faux », tranche François Ponnau. Selon son éducateur référent au foyer des Grézillières, Bourdin a tout inventé. Cela fait partie de son « délire ». « Ça me désole, mais c'est ainsi », ajoute François Ponnau, qui refuse d'évoquer ses souvenirs de Frédéric Bourdin avec les journalistes. « Cette attention des médias ne lui rend pas service, au contraire », estime-t-il.

Frédéric Bourdin professe un grand respect pour son ancien éducateur, qu'il considère comme un « type bien », mais il maintient que ce dernier savait ce qui se passait, la nuit, dans les dortoirs. Après que lui et un autre garçon, un certain Michael E., se soient plaints dans son bureau, raconte Bourdin, François Ponnau se serait adressé au groupe en ces termes : « J'ai entendu parler de ces histoires de couples. C'est terminé. Je veux que ces histoires de culottes baissées cessent ! » François Ponnau a d'ailleurs reconnu devant les gendarmes qui enquêtaient sur le passé de Frédéric Bourdin qu'il avait lui-même surpris, en une occasion, un garçon en train d'abuser d'un autre mineur plus jeune. Djamel G., qui était le meilleur copain de Frédéric Bourdin aux Grézillières, affirme ne rien savoir de ces histoires. « Je ne remets pas en cause ce qu'il dit aujourd'hui mais, à l'époque, il ne m'en a pas parlé », dit-il. Frédéric Bourdin n'en a pas dit un mot non plus à sa famille. « Ils m'auraient ri au nez », explique-t-il. Un autre ancien pensionnaire des Grézillières, Laurent M., confirme néanmoins qu'il « y a eu des abus ». « Il se passait beaucoup de choses dans les chambres, la nuit », dit-il, évasif. Des viols ? « Non. Mais dans un groupe de mecs, il y en a qui cherchent l'amour entre eux », finit par expliquer Laurent M..

Bourdin est resté quatre ans au foyer des Grézillières, un établissement géré par l'Association de sauvegarde de l'enfance et de l'adolescence (A.D.S.E.A.) de Loire-Atlantique. Une quarantaine d'adolescents en difficulté sont, à l'époque, logés dans cette ancienne gentilhommière entourée d'un grand parc planté de pins, de platanes et de chênes. Frédéric va à l'école en dehors du foyer. Il fréquente, de 1988 à 1990, le C.E.S. Les Savarières de Saint-Sébastien sur-Loire, où il fait sa sixième puis sa cinquième, avec deux années de retard. Il rentre voir ses grands-parents, à Mouchamps, un week-end sur trois. Au retour de ces courts séjours en famille, il joue parfois les amnésiques, se souvient Djamel G. : « Il faisait l'idiot en demandant : " Qui suis-je ? " », (...) c'était vraiment un gars super mais il faisait des trucs bizarres, explique son ancien copain de foyer. Quand on partait en camp de vacances, l'été, il se débrouillait pour se perdre dans la forêt et pour se faire ramener par les gendarmes ». Cette étrange habitude de se perdre pour se faire ensuite reconduire au foyer par des hommes en uniforme fait indéniablement penser à une forme de préambule de ce que sera, plus tard, le parcours de fugueur à répétition de Frédéric Bourdin. Avec le recul, c'est ainsi qu'il voit les choses. « J'adorais me perdre pendant des séjours en vacances avec le foyer des Grézillières (...) J'avais commencé très tôt à mettre en place des mini fugues », explique-t-il dans une lettre de prison. Des « mini fugues » qui inquiètent ses éducateurs. Ghislaine Bourdin se souvient ainsi avoir été reçue avec ses parents par François Ponnau, qui souhaitait faire suivre Frédéric par un psychiatre. « Un psychiatre m'a examiné, début 1989, précise Bourdin. Il m'a demandé si j'étais fou à cause de ces comportements bizarres et si je souhaitais être changé de foyer. Il m'a donné une semaine de réflexion et, à la fin de cette période, je lui ai dit que je n'étais pas fou et que je souhaitais rester aux Grézillières ». « On lui a proposé de le placer à La Grillonais, un foyer pour handicapés mentaux », confirme Djamel G.. Luc Rousseau, le psychiatre nantais consulté à la demande des responsables du foyer des Grézillières, assure n'avoir gardé aucun souvenir de ses deux entretiens avec Bourdin. A la différence d'autres psychiatres qui ont eu à se pencher sur le cas de Frédéric Bourdin, il n'invoque pas la confidentialité qu'il doit à son ancien patient mais, tout simplement, l'oubli. Luc Rousseau trahit cependant une certaine méfiance lorsqu'on évoque la question des abus sexuels que Bourdin affirme avoir subis à Basse-Goulaine. « Et il accuse qui ? Pas moi, j'espère », réagit-il.

S'il est difficile, dix-huit ans après les faits, d'établir avec certitude ce qu'a réellement subi Frédéric Bourdin pendant ses deux premières années au foyer des Grézillières, il n'est pas inutile d'ajouter qu'à cette époque – la fin des années 80 – ce genre d'affaires parvenait rarement à l'attention de la justice, comme aujourd'hui. « C'est un tabou qui est tombé récemment. A cette époque, l'attitude était d'étouffer afin que ça ne sorte pas de la maison », reconnaît Régis Potreau, l'actuel directeur des Grézillières. Une ancienne juge pour enfants confirme : « J'ai essayé plusieurs fois d'enquêter sur ce qui se passait à l'intérieur de certains foyers mais je me suis heurtée à la loi du silence. » Le commissaire Yvette Bertrand, le patron de la brigade des mineurs de Paris, ne se souvient pas non plus avoir traité une affaire d'abus sexuels au sein d'un foyer pour mineurs avant les années 90. « Aujourd'hui, il nous arrive de traiter ce genre d'affaires. Avant, non », dit-elle.

A l'âge de 16 ans, Bourdin quitte les Grézillières pour un autre foyer. Pour lui, c'est comme quitter sa seconde famille. Une nouvelle rupture. Après un passage de deux mois au centre éducatif Le Genétais, à Rezé (Loire-Atlantique), où il n'a pas réussi à s'intégrer et où on n'a pas assez fait pour le retenir, il est placé à La Pierre Blanche, à Angers (Maine-et-Loire), un foyer pour jeunes adultes. Les responsables de La Pierre Blanche veulent le placer en classe d'apprentissage. Frédéric Bourdin s'y oppose : il veut rester à l'école. Dans l'impossibilité de faire prévaloir son choix, il choisit la fuite. Peu de temps après son arrivée, en novembre 1990, il fait la découverte de la fugue. La vraie. Un dimanche soir, il rentre de Basse-Goulaine, où il est allé rendre visite à ses anciens éducateurs des Grézillières, et rate sa correspondance pour Angers à la gare de Nantes. En traînant dans les rues de la ville, il croise deux jeunes plus âgés qu'il a connus au foyer de Rezé. « T'as fugué ? », lui demande l'un. Bourdin hésite, ce que les deux autres interprètent comme un aveu.

Ils lui offrent de partager leur chambre d'hôtel pour la nuit. Puis deux nuits. Puis ils lui donnent cinquante francs pour poursuivre son voyage, raconte-t-il. Frédéric part en auto-stop pour Paris. Dans le métro, la nuit, deux hommes l'abordent. Ils l'emmènent dans un café et lui font boire de la bière. « T'es pédé ? », lui demande l'un. Ils lui prennent sa carte d'identité et lui disent d'attendre leur retour. Après une heure d'attente, Frédéric part seul dans les rues. Il erre dans des quartiers inconnus à la recherche d'un téléphone, se fait aborder par un travesti qui tapine. Après avoir longtemps marché, il trouve enfin une cabine téléphonique. Il appelle la police en se faisant passer pour un touriste qui a trouvé un jeune fugueur anglais dans la rue. « J'espérais qu'ils m'enverraient en Angleterre, car j'idéalisais les Anglais », explique-t-il. Mais Frédéric, qui dit s'appeler Jimmy Salé et avoir 14 ans, ne parle pas un mot d'anglais. Les policiers de la brigade des mineurs, après lui avoir fait avouer son identité contre la promesse qu'ils ne le renverraient pas dans son foyer, dit-il, le réexpédient… à Angers. « Après cette première fugue, je ne me suis plus arrêté. Mais j'ai beaucoup amélioré ma technique. Je me suis servi de mon talent de caméléon », dit-il. La suite, effectivement, telle que la raconte Bourdin dans ses notes rédigées en prison, ressemble à une fuite sans fin.

Le 24 décembre 1990, Bourdin fête Noël en famille à Mouchamps. Il passe le jour de l'an seul à Angers et entame l'année 1991 par une escapade en Suisse. Interpellé par la police à Genève, il est raccompagné à la frontière. Après une nuit dans un foyer pour mineurs d'Annecy, il est renvoyé en train à Angers. Il retourne à Nantes, où il est

Frédéric Bourdin à l'âge de la maternelle, à Nanterre.

Frédéric à Mouchamps, le village de Vendée où sa grand-mère s'est installée lorsqu'il avait 6 ans.

Sur le parvis de la Défense, Noël 1978.

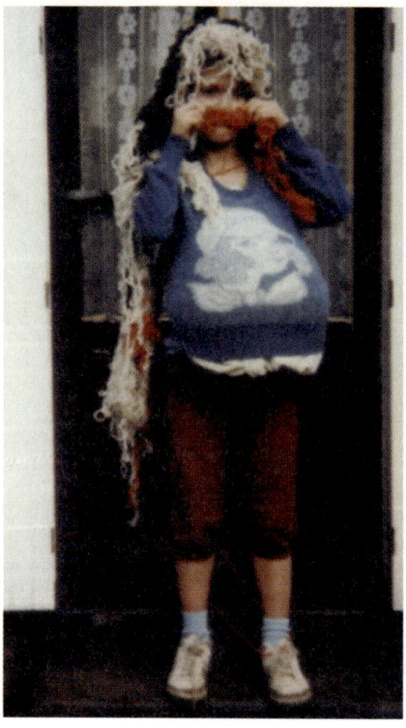

Lors d'un repas de famille à Mouchamps, Frédéric entre sa mère, Ghislaine (à gauche), et ses tantes, Elizabeth (masquée) et Reine.

Premier déguisement devant la maison de ses grands-parents, vers 6 -7 ans.

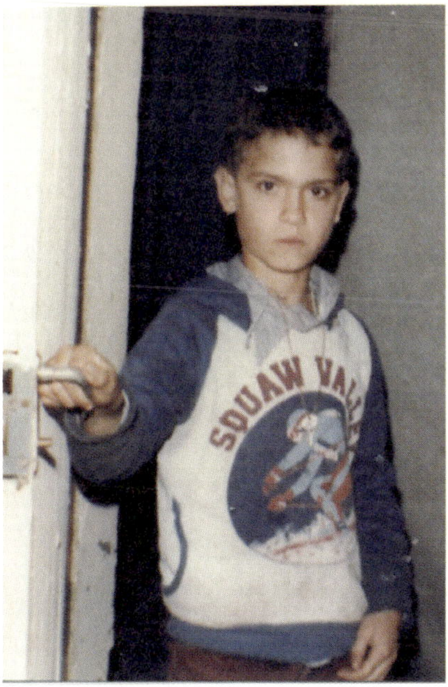

Au 5, rue de la Martinière, la maison dans laquelle Frédéric a vécu avec sa grand-mère. La maison blanche accolée est celle où vivait Michel M., le voisin que Frédéric Bourdin accuse de l'avoir agressé sexuellement.

Frédéric a vécu à Mouchamps jusqu'à l'âge de 12 ans, avant d'être placé dans un foyer.

Avec sa grand-mère, à Mouchamps. Frédéric est, à cette époque, pensionnaire du foyer Les Grézillières, dans la banlieue de Nantes, et rend visite à sa famille un week-end sur trois.

Partie de pétanque avec son grand-père, Pierre Bourdin (au centre), à La Châtaigneraie (Vendée).

interpellé après avoir tenté de voler une voiture. Avec un autre mineur, ils ont brisé une vitre de la voiture avec une pierre et tenté sans succès de la faire démarrer en trafiquant les fils. Le directeur de La Pierre Blanche vient le chercher et le ramène au foyer, d'où il s'enfuit une nouvelle fois pour Rouen, puis Paris, de nouveau, où il est interpellé et placé dans un foyer pour mineurs pendant trois semaines, avant d'être renvoyé en train à Angers. En mars, il s'échappe de nouveau. Direction : le Sud. A Marseille, il se fait admettre sous une fausse identité dans le service pédiatrique d'un hôpital. Il y reste un mois avant de révéler sa vraie identité à la police. Placé dans un foyer pour mineurs, il s'en échappe pour se faire admettre, toujours sous une fausse identité, dans le service de psychiatrie de l'hôpital de Toulon, où il reste trois jours avant de rallier l'Italie. A Vintimille, il est interpellé et reconduit jusqu'à un foyer pour mineurs de Nice. Au bout d'une semaine, il est renvoyé en train vers Angers. A Lyon, il change de direction et s'arrête en gare de Langres, où il est recueilli par les pompiers après avoir simulé un malaise.

Mutique, il est transporté, le 24 mai 1991, à l'hôpital de Saint-Dizier et placé dans le service pédo-psychiatrique du docteur Jean-Paul Milanese.

Dans un premier temps, Frédéric Bourdin ne communique avec le médecin que par écrit et ne fournit que des bribes de renseignements sur ses origines. Il prétend s'appeler Frédéric Cassis. Une identité fabriquée à partir du prénom de son père, Kaci. Il explique qu'il a fugué parce qu'on l'empêchait d'aller à l'école et qu'il « fait la guerre » depuis cinq mois au juge des enfants dont il dépend et qu'il tient pour responsable de sa situation. « On se trouve face à un jeune adolescent en fugue, mutique, en rupture avec sa vie antérieure, familiale et institutionnelle, présentant une demande floue, étayée par des raisonnements paradoxaux, ce qui signe une perturbation psychique assez profonde », note le docteur Jean-Paul Milanese, qui demande le maintien de Bourdin dans son service aux fins d'observation et de traitement. Lorsqu'il obtient la certitude qu'il ne va pas être renvoyé à Angers, Frédéric Bourdin accepte de révéler sa vraie identité. Il réitère également sa demande d'être scolarisé et manifeste très vite son impatience. L'équipe médicale note qu'après une semaine, il est devenu « ombrageux, susceptible, à plusieurs reprises, de manifester une opposition passive, refusant de quitter sa chambre, ne mangeant presque pas ». Quand il obtient finalement satisfaction, nouveau changement. « Dès que Frédéric a su qu'il allait être scolarisé, son comportement s'est de nouveau modifié : il s'est décidé à parler, devenant même à certains moments logorrhéique, s'exprimant dans un vocabulaire choisi, avec certains effets de phrase. Il a tenu à soigner son aspect extérieur, demandant un rasoir et de nouvelles chaussures, allant chez le coiffeur », décrit le rapport de l'équipe médicale. Tout comme il est un patient facile, cordial lorsque ses revendications sont satisfaites, il se montre, pendant cette courte période de scolarité au collège du Clos Mortier de Saint-Dizier, un élève assidu. Mais les médecins continuent de noter quelques « bizarreries » dans son comportement. Bourdin refuse de quitter son K-Way, au point de manger avec. « On relève dans son discours une tendance à se surévaluer, n'aime pas la contradiction, attache beaucoup d'importance à ses connaissances et se plaît à les étaler », relèvent-ils également. Au terme de cette période d'observation, le docteur Jean-Paul Milanese recommande que Frédéric Bourdin soit placé dans une famille d'accueil plutôt que renvoyé dans le foyer dont il s'est échappé. Le médecin, dans une lettre au juge des enfants, estime que Bourdin souffre de troubles du développement nécessitant « une prise en charge médico-psychologique intense ». Dans ses observations, Jean-Paul Milanese relève que Frédéric Bourdin a rompu tous liens affectifs avec son milieu d'origine et rejette la tutelle du juge des enfants, « qu'il investit d'une toute puissance mal intentionnée ». Bourdin ne semble compter que sur lui-même, « sur un mode quelque peu mégalomaniaque », observe le psychiatre.

Pour des raisons d'ordre pratique, Frédéric Bourdin est placé dans une famille d'accueil à Pau, chez une certaine Madame Crespeau. Une erreur, selon Jean-Paul Milanese, qui estime que l'adolescent n'aurait pas dû être ainsi éloigné de sa famille. « Quelles qu'aient pu être ses difficultés avec sa famille, il fallait s'efforcer de restaurer ces liens », juge-t-il aujourd'hui. A Pau, Frédéric Bourdin ne reste qu'un mois chez Madame Crespeau, avant de s'enfuir et de reprendre la route. Arrêté par les gendarmes, il est placé dans un autre service psychiatrique pour mineurs, à Lannemezan, d'où il s'enfuit pour Toulouse, puis Dunkerque, puis la Hollande, dans une ville dont il a oublié le nom, où il passe trois jours en cellule avant d'être mis dans un avion pour Paris. Jusqu'en 1997, Frédéric Bourdin va ainsi sillonner la France, puis l'Europe sous des identités falsifiées, de foyers pour mineurs en services psychiatriques. A partir de juin 1992, date à laquelle Bourdin devient légalement majeur, il ne se contente plus de travestir son nom, il ment également sur son âge. Tous les psychologues le disent, un adolescent qui fugue est un adolescent qui souffre. *A fortiori*, un fugueur à répétition. Il ne s'agit plus ici d'une expérience initiatique, comme peuvent la vivre ces adolescentes qui s'enfuient de la maison pour « jeter leur gourme », avant de rentrer chez elles et de reprendre le cours normal de leur vie. La fugue sans fin telle que la pratique Bourdin s'apparente plutôt à une forme de suicide, note une ancienne juge pour enfants. « Suicide mental », c'est ainsi que Frédéric Bourdin décrit, des années plus tard, son étrange odyssée personnelle. C'est aussi à cette époque, vers 17-18 ans, qu'il commence à mettre en scène sa propre mort. Les témoignages abondent dans ce sens. Bernard Vachon, se souvient qu'un policier allemand avait appelé (en PCV !) la mairie de Mouchamps pour signaler le décès de Frédéric Bourdin dans un accident de la circulation et demandé au maire de prévenir la famille. Pierre Bourdin, son grand-père, ne l'avait pas cru : « C'est encore un coup de Frédéric », avait-il répondu au maire du village. Un ancien éducateur des Grézillières, Gilles Ayraud, raconte avoir reçu, un jour, un appel de Scotland Yard l'informant de la mort de Frédéric Bourdin. Le policier britannique (Bourdin, lui-même, travestissant sa voix) avait expliqué à Gilles Ayraud qu'on avait retrouvé son nom et son adresse dans la poche du défunt. Pour sa part, l'ancienne juge pour enfants de La Roche-sur-Yon l'a cru longtemps mort, après avoir été informée par les services sociaux que la police d'Amsterdam avait retrouvé son corps sans vie au bord d'un canal. Plus précisément, on avait retrouvé un cadavre avec les papiers d'identité de Frédéric Bourdin dans sa poche. Lorsqu'on l'interroge sur ce mystérieux mort d'Amsterdam, Bourdin esquive d'une pirouette : « Vous m'apprenez la nouvelle, je n'en sais strictement rien et je vous jure que je ne l'ai pas tué ? Ah ah ah ! » Il n'a jamais admis avoir été l'auteur de ces appels. Là où certains, comme l'ancien maire de Mouchamps ou sa propre famille, n'ont vu que des farces de mauvais goût, il n'est pas interdit d'y lire un signe plus inquiétant. Tout le monde a, un jour de blues, fantasmé sur la réaction de ses proches à l'annonce de sa mort. Une manière de se convaincre qu'on est aimé puisqu'on sera pleuré. Bourdin, lui, va au bout de ses fantasmes : il passe à l'acte et met en scène sa propre mort. Ce qui ressemble, aussi, à une façon d'accuser : « Vous m'avez laissé mourir. »

Dans cette mise en scène morbide, on retrouve l'aspect pathologiquement répétitif de toutes les actions de Frédéric Bourdin. Il refait sans cesse la même chose, encore et encore. Ses éducateurs ont observé très tôt cette mécanique. « Il posait un acte. On le récupérait. Et ça repartait », se souvient Yvon Bourgueil, son ancien éducateur des Herbiers. Déjà, à cette époque, il accepte les sanctions comme une conséquence logique, nécessaire qu'il a déjà intégré à son plan. Pour lui, le rapport à l'autorité, même quand il la défie, a quelque chose de fondamentalement rassurant. C'est un terrain connu. Au retour de chacune de ses fugues, Bourdin ne conteste jamais les mesures décidées par le juge des enfants. Il connaît les institutions par cœur. « C'était un gamin déjà suradapté au discours judiciaire », commente une magistrate.

Frédéric Bourdin a connu la prison avant d'atteindre l'âge de la majorité. En octobre 1991, il est placé dans un foyer pour mineurs de Saint-Sébastien-sur-Loire (Loire-

Atlantique), dont il fugue pour retourner à Nantes, où il traîne avec quatre autres garçons, dont le plus jeune a 14 ans. Après une série d'agressions autour de distributeurs de billets, la bande est interpellée. « J'étais au mauvais endroit, au mauvais moment, avec les mauvaises personnes. Il n'y a rien à dire de plus », commente-t-il. Mis en examen pour vol avec violences, Bourdin est placé en détention préventive au quartier des mineurs de la maison d'arrêt de Nantes. C'est son premier séjour en prison et il se livre, pour la première fois, à des actes d'automutilation, avant d'être transféré à l'hôpital psychiatrique de la prison. Condamné à 2 mois et 28 jours de prison – la durée de sa détention préventive – il est libéré le 8 janvier 1992. C'est la seule condamnation prononcée, à ce jour, contre Frédéric pour vol. Ayant été prononcée avant ses dix-huit ans, elle a été effacée de son casier judiciaire à sa majorité. Sa mère se souvient seulement que Frédéric, après sa libération, ne voulait pas « reconnaître ses torts ». « C'était toujours la faute des autres », dit-elle. De retour au foyer pour mineurs de Poitiers, Bourdin tombe en dépression. Il est interné pendant trois semaines dans un hôpital psychiatrique. Avant son hospitalisation, un psychologue attaché au foyer pour mineurs, le docteur Régis Gonord, lui a fait passer un test pour évaluer son quotient intellectuel. Selon Bourdin, son QI a été mesuré à 139, ce qui le classerait dans la catégorie des « intelligences supérieures ». Une information que je n'ai pas réussi à vérifier mais qui ne paraît pas invraisemblable. C'est un point sur lequel tous ceux – magistrats, policiers, avocats, journalistes – qui ont croisé la route de Frédéric Bourdin depuis quinze ans sont à peu près d'accord : il est d'une intelligence supérieure à la moyenne. Il n'y a qu'au sein de sa famille qu'on ne s'en soit jamais aperçu... Encore aujourd'hui, aucun de ses parents n'utilise l'adjectif intelligent pour le décrire. Chez les Bourdin, l'expression qui prévaut, c'est toujours : « on ne l'a jamais compris, ce gamin. »

En même temps que Frédéric Bourdin, encore mineur, plonge dans la marginalité, il apprend à garder ses secrets. L'ancienne juge pour enfants de La Roche-sur-Yon, dont il dépendait jusqu'à sa majorité, n'a jamais pu apprendre de sa bouche où il se rendait pendant ses fugues, comment il se déplaçait, où il dormait, de quoi il vivait. Une question que se pose encore la justice française, en 2004. Se fondant sur son expérience des adolescents fugueurs, cette magistrate dit avoir pensé aux squats, aux réseaux de prostitution de mineurs, sans jamais rien découvrir. Ceux qui l'ont connu alors se souviennent d'un garçon « qui était dans une souffrance inouïe » et rentrait pâle et fatigué de chacune de ses fugues. « J'avais souvent faim et je faisais de l'hypoglycémie », explique Bourdin. Un témoin de cette période, qui le décrit comme « impénétrable », avait cru percevoir chez lui l'existence d'une « part mystérieuse, noire ». C'est un sentiment que Frédéric Bourdin inspirera à d'autres : ce que l'on ne comprend pas fait peur.

5

Le muet d'Auch

Au printemps 1992, Frédéric Bourdin parcourt l'Allemagne, ses foyers d'accueil pour mineurs et ses hôpitaux psychiatriques, toujours sous de fausses identités. Il prétend s'appeler parfois Peter Samson, parfois Jimmy ou Robin Morins et être britannique, canadien ou américain. Il passe ainsi par Kaiscrlautern, Berlin, où il est interné pendant trois semaines dans un centre de détention pour immigrés clandestins, puis gagne le Luxembourg et la Belgique. En juin, il rentre en France et fête ses 18 ans en famille à Mouchamps. « Majorité de l'âge, mais c'est tout », commente t-il. Le fait d'être majeur et responsable ne change rien à ses habitudes. Bourdin reprend aussitôt la route pour l'Allemagne et l'Autriche : il séjourne successivement à Offenbourg, Salzbourg, Munich, Nuremberg, Stuttgart, Karlsruhe, Kaiserslautern, Sarrebrück et Dreiborn, au

Luxembourg. En septembre, de retour en Vendée, il passe deux semaines avec ses grands-parents puis se rend à Nantes, où il se présente dans un bureau de recrutement pour s'enrôler dans la Légion étrangère. Il est envoyé à Paris, puis à Aubagne (Bouches-du-Rhône), où il effectue une période d'essai de quelques jours. Au terme de ces quelques jours, l'armée le renvoie dans ses foyers : il n'est pas jugé apte à servir dans ce corps d'élite. Bourdin ne portera pas l'uniforme de la Légion. « Dommage pour eux, dit-il, j'aurais pu être utile car il y a une chose qui est certaine : j'adore mon pays ! » De retour à Mouchamps, Frédéric, qui n'a pas renoncé à ses rêves de carrière militaire, devance l'appel et effectue ses trois jours à la caserne de Rennes. Puis il repart pour Dijon, où il se fait admettre dans un hôpital pour enfants sous une fausse identité. Le 9 janvier 1993, Bourdin est identifié par la police et interpellé. Il est mis en examen pour « outrage à agent de la force publique » et relâché le lendemain. Bourdin ne s'éternise pas dans la région. Il prend le train pour l'Italie. Premier arrêt, Turin, où il séjourne quelques jours dans un foyer pour mineurs en prétendant être un jeune Américain du nom d'Alex Dole. Il se rend ensuite à Vercelli, où il est interpellé par la police italienne, qui ne croit pas à son identité américaine. On le prend pour un réfugié bosniaque. Bourdin ne dément pas. Placé dans un foyer, il se voit offrir par une assistante sociale un billet de train pour Ljubljana, en Slovénie. Il ne reste que quelques jours dans cette république de l'ancienne fédération yougoslave et repasse la frontière italienne. A Trieste, il reprend l'identité d'Alex Dole pour se faire admettre dans un foyer d'accueil pour mineurs. De Trieste, il appelle également ses grands-parents en PCV pour prendre des nouvelles. Il fait bien car la lettre tant attendue du ministère de la Défense est enfin arrivée. Frédéric rentre dare-dare en France. Direction Saint-Raphaël (Var), où il est convoqué pour y effectuer ses classes.

Un mois plus tard, il est incorporé dans le 4e régiment d'infanterie de marine et, en mai 1993, Bourdin s'envole pour Fort-de-France, en Martinique. C'est la première fois qu'il quitte l'Europe. La première fois qu'il traverse l'Atlantique. Mais son instabilité pathologique, son incapacité à s'inscrire dans un cadre collectif le rattrapent. Frédéric se lasse. Après deux mois aux Antilles, il a épuisé les charmes de la vie militaire et retraverse l'océan pour être placé dans un hôpital militaire, à Paris. « Je me suis débrouillé pour me faire rapatrier car je m'ennuyais, dit-il. En tout, j'aurais effectué trois mois avant de me faire virer ». En juillet, après deux semaines d'observation à l'hôpital militaire, Frédéric Bourdin est réformé. Sa famille se souvient qu'il avait pourtant l'air fier dans son uniforme. « Il paradait avec son béret sur la tête. Il ne le quittait jamais », se souvient sa tante Reine. Sur une photo de cette époque prise dans la maison de sa grand-mère Frédéric pose, en effet, tout sourire, avec son béret rouge sur la tête. Son grand-père n'a pas été surpris : « Frédéric est comme moi, dit-il, il n'aime pas être commandé. » De retour à la vie civile, Frédéric Bourdin reprend ses habitudes et repart sur la route. Première étape, Dreiborn, au Luxembourg, dans le même foyer d'accueil pour mineurs où il a déjà séjourné deux fois et dont il apprécie l'hospitalité. Il se rend ensuite à Copenhague, au Danemark, où il est interpellé puis interné dans un centre de détention pour immigrants illégaux avant d'être expulsé en avion pour Paris. Placé en observation dans le service de pédo-psychiatrie de l'hôpital de la Salpêtrière, Bourdin reste mutique pendant plusieurs jours avant de révéler son identité. Il est renvoyé à Mouchamps, d'où il repart quelques jours plus tard pour l'Espagne.

Le grand-père de Frédéric a raconté à *l'Express* que, lors de ces voyages à travers l'Europe, son petit-fils se faisait tour à tour passer pour un séminariste, un vétérinaire soigneur de tigres, un riche héritier ou encore un homme d'affaires. Un récit qui trahit, de la part de Pierre Bourdin, plus que l'indulgence d'un grand-père bonhomme, il démontre une évidente complicité. Complicité qu'un psychologue interrogé par *Envoyé spécial*, en 1999, avait, à juste titre, jugée coupable. Ghislaine Parpaillon, qui ne laisse jamais passer une occasion d'accabler son père, le considère comme l'inspirateur des dérives de Frédéric : « Frédéric réalise tout ce que son grand-père a rêvé de faire sans en avoir le courage, affirme-t-elle. Je me souviens qu'une fois il m'a appelée en rigolant pour m'annoncer que Frédéric avait encore été arrêté. » Pierre Bourdin raconte aussi à *L'Express* que son petit-fils s'amuse parfois à envoyer des lettres de défi aux gendarmes, sur le modèle « Attrapez-moi si vous pouvez ! » (une référence évidente au film de Steven Spielberg: *Catch me if you can*). Une jolie anecdote… que Frédéric qualifie de pure invention. « Je les mets au défi de me montrer une de ces lettres. Je n'ai jamais écrit de ma vie aux gendarmes », affirme t-il. « C'est mon père qui a toujours rêvé de se payer les gendarmes, comme il disait », explique Ghislaine Parpaillon.
Au-delà des affabulations folkloriques de son grand-père

sur les séminaristes et les soigneurs de tigres, il existe une constante dans les personnages que joue Frédéric Bourdin sur la route : il se présente systématiquement comme une victime et adopte le comportement d'un jeune homme sévèrement traumatisé. Mutique, replié sur lui-même. Il ne fait que projeter ce qu'il ressent à l'intérieur de lui. « C'est la même chose quand je fais un garçon de 14 ans. Je n'invente pas, je vais chercher l'enfant qui est à l'intérieur de moi », explique-t-il. Par-delà une technique qu'on croirait inspirée de la méthode du célèbre Actor's Studio, Frédéric Bourdin a également compris que tout se passe dans la tête des autres. « Je lis en eux, dans leurs yeux, dans leurs gestes. Je sens ce qu'ils anticipent et je leur montre ce qu'ils veulent voir », dit-il. C'est ainsi qu'il séduit et suscite la sympathie de ceux qui tentent de l'aider. Un talent singulier qui va bientôt attirer l'attention des médias.

Au terme d'un premier périple ibérique de deux mois qui le mène, sous le nom de Benjamin Dianason («le fils de Diana », un trait d'humour), à Pampelune, Saragosse, Valence, en Espagne, puis Santarem et Lisbonne, au Portugal, Bourdin rentre en France avec un billet de train payé par le consulat français. Le 6 novembre 1993 au soir, un samedi, il frappe à l'improviste à la porte de sa tante, Monique Rossemann, à Auch (Gers). Frédéric dîne avec sa tante et son mari, qu'il n'a pas vus depuis des années. Pendant le repas, il raconte qu'il rentre d'Espagne, sans entrer dans les détails. Après le dîner, il prend congé. Un peu plus tard, Frédéric se couche, recroquevillé sur lui-même, au milieu d'une voie peu fréquentée à cette heure de la nuit, la rue des Loriots, entre le Gers et la cité HLM du Garros.

Des riverains aperçoivent un corps inerte sur la chaussée et alertent les secours. Lorsque les pompiers s'approchent de lui, Bourdin se protège la tête avec les mains et les bras « comme un enfant craignant d'être battu », témoigne l'un d'eux. L'inconnu ne parle pas mais il écrit. Sur un bout de papier, il griffonne un nom, son âge : 15 ans, et l'adresse d'un foyer socio-éducatif de l'Hérault. Sur la base de ces informations, le jeune mutique est placé en observation au service pédiatrique de l'hôpital d'Auch.

« D'où vient l'adolescent muet qui rôdait dans nos rues ? », interroge *La Dépêche du Midi*, dans son édition du 10 novembre 1993. Les médecins interrogés par le quotidien régional font part de leur perplexité devant le cas de ce jeune garçon « en perdition ». A-t-il vraiment l'âge qu'il prétend avoir ? « C'est possible car son physique correspond à celui d'un adolescent de cet âge », répondent les médecins. L'un d'eux ajoute : « Son comportement craintif nous pose un problème, ce garçon est pour nous une énigme. » L'inconnu n'a pas prononcé un mot depuis qu'il a été découvert dans la rue. Il fait comprendre aux médecins, par signes, qu'il a perdu l'usage de la voix depuis un an, explique le journal. Le lendemain, 11 novembre, *La Dépêche* lance le feuilleton : « L'adolescent muet venu de nulle part n'a pas encore livré son secret », titre le quotidien. La rédaction du journal a compris qu'elle tenait un bon sujet. Un sujet qui fait grimper les ventes. « C'est une histoire qui nous a permis de tenir en haleine nos lecteurs », témoigne Christian Aniort, le correspondant de *La Dépêche* à Auch. L'enquête policière, en effet, piétine. La piste du foyer pour mineurs dans l'Hérault s'est très vite révélée n'être qu'un leurre et aucune disparition d'adolescent n'a été signalée dans le département du Gers. Bourdin, après avoir lancé les policiers sur de fausses pistes, déjoue habilement toutes les tentatives pour l'identifier. « Lorsqu'il a vu l'appareil photo que j'avais dissimulé sous ma blouse, il s'est réfugié sous les draps de son lit et a refusé d'en sortir », raconte au journal un enquêteur de police qui s'était déguisé en infirmier pour le photographier. Policiers et magistrats ont quelques soupçons, mais personne n'ose bousculer ce garçon qui a l'air si fragile. « Le pyjama de l'hôpital était deux fois trop petit pour lui, se souvient Philippe Faisandier, alors substitut du procureur d'Auch. Il n'avait pas l'air à sa place au milieu de tous ces enfants hospitalisés ». *La Dépêche* se fait prudemment l'écho des doutes officiels. « Victime de violences dans la cellule familiale (...) qui l'auraient jeté sur la route ou simulateur pour des raisons plus obscures ? », s'interroge le journal. Un pédiatre interviewé par le quotidien de Toulouse explique néanmoins que l'attitude de repli observée chez l'adolescent résulte, dans la majorité des cas observés, « d'une grande souffrance psychologique dans le cadre familial ». Frédéric Bourdin ne l'aurait pas mieux dit.

Dans *La Dépêche* du 13 novembre, le feuilleton continue. « Il a parlé ! L'adolescent inconnu a brisé le mur du silence », annonce le journal. Bourdin est certes sorti de son mutisme, mais il continue d'entretenir le mystère. Selon le quotidien, il a fourni aux enquêteurs « de nouvelles indications aussi fantaisistes que les précédentes » sur son identité et poursuit son « incroyable jeu de la vérité » avec les médecins et les policiers. Le soir même, il sème la confusion en simulant une tentative de suicide. Transféré dans un foyer socio-éducatif depuis qu'il a retrouvé l'usage de la parole, Bourdin s'en échappe et se couche sur la chaussée de la RN 21, à la sortie de la ville, en direction d'Agen. Un autobus manque de lui passer sur le corps avant l'arrivée du S.A.M.U.. Bourdin s'amuse à brouiller les pistes en expliquant qu'il voulait aller voir son copain, Raphaël Lamothe, qui vit à Mirande. Vérification faite, il n'existe personne de ce nom à Mirande. Au médecin du S.A.M.U., il dit aussi : « Je ne veux pas retourner à l'orphelinat. » Un témoin de la scène raconte qu'il parlait avec l'accent du Sud. « Il roule les R comme un Catalan », dit-il au journaliste de *La Dépêche.* Un nouveau leurre. L'histoire de ce mystérieux adolescent a déjà fait le tour de la région quand, le 15 novembre, TF1 diffuse dans l'émission *Perdu de vue*, un grand succès d'audience de l'époque, un appel à témoins concernant un adolescent disparu de 13 ans, Aimerick. Quelques minutes après l'appel lancé par Jacques Pradel, l'animateur de *Perdu de vue,* le standard de *La Dépêche* à Toulouse est noyé sous les appels de téléspectateurs de la région Midi-Pyrénées qui croient avoir reconnu en Aimerick, le « muet d'Auch ».

C'est le moment que choisit Frédéric Bourdin pour siffler la fin de la partie. Le 16 novembre, de retour à l'hôpital après sa fausse tentative de suicide, il révèle sa vraie identité, qu'un coup de téléphone à Mouchamps suffit aux policiers pour se faire confirmer. Dans la foulée, Bourdin donne sa première interview, avec accroche à la une de *La Dépêche.* Sur une double page astucieusement titrée « Le " muet " d'Auch parle quatre langues ! », il apparaît en photo, souriant, vêtu d'un blouson bleu et noir, assis sur un muret qui borde le Gers. Il a déjà ce haut front et cette mâchoire inférieure puissante qu'on dit populairement signe d'un caractère volontaire. Frédéric-Pierre, comme il se présente (Pierre est effectivement son deuxième prénom), régale les lecteurs d'anecdotes sur ses voyages. « Ce jeune homme est connu à travers l'Europe sous trente identités (…) parle le français, l'anglais, l'italien, l'espagnol », énumère admiratif, le journal. Pas avare de confidences, Bourdin raconte qu'au Portugal, le mois précédent, il s'est fait passer pour le fils d'un meurtrier qui tentait d'échapper à la violence de son père. « C'était un jeune très sympa qui avait une très forte personnalité, se rappelle le journaliste Christian Aniort. Il savait exactement ce qu'il faisait et il avait le flair pour choisir les bons interlocuteurs ». Frédéric Bourdin a une ambition et il l'expose à la presse avec une certaine assurance, pour un gamin qui n'a pas encore 20 ans : « A partir de l'âge de 12 ans, j'ai été placé dans un foyer, j'aurais pu devenir un délinquant, explique-t-il. Je sais qu'un jour, je devrai arrêter tout cela, cette instabilité perpétuelle. Mais je ne veux pas faire un métier comme tout le monde. Mon but, aujourd'hui, est de pouvoir aider les jeunes en détresse comme moi, en rupture avec leur famille. J'ai besoin de me faire connaître pour être le porte-parole de ces jeunes (…). »

Est-il sincère lorsqu'il dit qu'il sait qu'il devra s'arrêter un jour ? Peut-être le pense-t-il, à 19 ans. Lui seul le sait. Une chose est sûre, Frédéric Bourdin est ravi de l'attention que lui porte la presse. Ce n'était pas son but, lorsqu'il s'est couché au milieu de la rue des Loriots, une froide nuit de novembre. Il ne faisait que répéter un scénario déjà bien rôdé afin d'être placé dans un foyer. Rien de plus. Mais il découvre, à Auch, l'ivresse de la célébrité, même éphémère. Et il aime cette sensation. C'est vrai, il aime briller. Il est prêt à donner de sa personne pour cela, à en payer le prix. Bourdin n'ignore pas qu'il vient d'enfreindre la loi et de défier, une fois de plus, les autorités. Il a déjà été condamné pour des faits identiques. Mais, puisqu'on lui offre une tribune, il en profite et se propose, en toute humilité, de créer « avec des gens qui lui feraient confiance » une association pour venir en aide aux jeunes en détresse. Evidemment, la justice ne peut rester sans réaction et, au lendemain de la publication de cette interview, le procureur de la République d'Auch décide de « l'entendre sur ses motivations ». « Il avait mené les gens en bateau, explique l'ancien substitut Philippe Faisandier. A cause de lui, des investigations avaient été menées pour rien. » Bourdin avait même poussé la provocation jusqu'à se faire passer pour le fils d'une magistrate décédée, raconte Philippe Faisandier. « Il nous avait bluffé avec sa connaissance des termes techniques de procédure », précise le magistrat. Mais, lorsque les policiers se présentent à l'hôpital, ils ne peuvent que constater la disparition de Bourdin. Grâce à un billet de train offert par *La Dépêche*, il est rentré à Mouchamps. Il sera condamné, en son absence, à trois mois de prison pour « outrage à magistrat » par le tribunal correctionnel d'Auch. Une condamnation de plus pour quelques moments passés en pleine lumière. Une ligne de plus dans son casier judiciaire, ce passeport pour l'ombre.

6

Sur la route

Après son coup d'éclat d'Auch, Frédéric Bourdin ne reste que quelques jours en Vendée. Il repart pour l'Espagne. Un voyage de huit mois qui le mène à Saint-Sébastien et Pampelune, au Pays basque, Séville, Cadix et Cordoue, en Andalousie, puis Madrid, Barcelone et Andorre. L'Espagne devient, avec l'Italie, la destination favorite de ce voyageur peu ordinaire. Les foyers pour mineurs y sont, au sens propre, accueillants, les éducateurs et les psychologues compréhensifs. A l'automne 1994, il met le cap au Nord et vers les ennuis. Direction l'Angleterre : Liverpool, Manchester, Birmingham, Londres puis Glasgow. En Ecosse, il se fait admettre dans un foyer d'accueil pour mineurs sous l'identité de Benjamin Kent. Il y reste un mois et demi avant d'être démasqué et arrêté. Nouveau séjour en prison. Au terme de deux mois de détention, Bourdin passe en jugement. Il est reconnu coupable de « fraude », réprimandé par le juge et libéré quelques jours plus tard. Bourdin prend le train puis le bateau pour Dublin, via Belfast. En Irlande, il prend l'identité de Sladjan Raskovic, 14 ans, et séjourne pendant trois semaines dans un foyer pour mineurs. En janvier 1995, il est interpellé par la police irlandaise, qui nourrit des soupçons sur son identité réelle. Bourdin est placé en détention préventive pendant deux semaines, avant d'être libéré et expulsé d'Irlande.

C'est la production de *Perdu de vue*, sollicitée via le consulat de France à Dublin, qui lui offre son billet de retour pour Paris. Depuis l'affaire d'Auch, Bourdin a noué un contact avec les producteurs de l'émission diffusée sur TF1, que l'histoire et la personnalité de ce jeune homme ont intrigué. A son arrivée à Paris, une ville qu'il n'aime pas et où il ne reste jamais longtemps, une vraie chance attend pourtant Frédéric Bourdin. Mais l'épisode irlandais a laissé des traces. Depuis ses récents démêlés avec la justice, en Ecosse et en Irlande, Frédéric Bourdin fait l'objet d'une fiche de signalement rédigée par les services d'Interpol. Une fiche entachée, selon lui, d'une « grave erreur ». Un fonctionnaire d'Interpol y a en effet reporté que Bourdin aurait « apparemment agressé sexuellement un autre jeune » pendant son séjour dans le foyer pour mineurs de Dublin. « Je n'ai commis, ni été accusé d'aucun crime en Irlande, affirme Bourdin dans une lettre écrite de prison. Pourquoi écrire de pareilles " conneries " ? J'ai été poursuivi par ce mensonge depuis 1996 alors qu'il aurait été si simple de téléphoner à la police irlandaise pour vérifier que je n'ai jamais été accusé de ce type de merde ! »

Qu'on puisse le soupçonner de pédophilie le met en colère car, c'est un fait, la justice irlandaise n'a jamais poursuivi Bourdin pour agression sexuelle et aucun responsable de foyer n'a jamais signalé, de sa part, un comportement sexuel suspect.

Si les trafics d'identité de Frédéric Bourdin à travers l'Europe ont fini par attirer l'attention des fonctionnaires d'Interpol, ils lui valent aussi d'être interviewé à la télévision. A son retour de Dublin, Bourdin est logé à l'hôtel aux frais des producteurs de *Perdu de vue*, Pascale Breugnot et Bernard Bouthier, qui sont également les concepteurs d'une nouvelle émission diffusée sur TF1, *Tout est possible*. C'est sur le plateau de cette émission présentée par Jean-Marc Morandini qu'apparaît, en février 1995, un Frédéric Bourdin à l'aspect juvénile. Il fait presque garçon de bonne famille avec ses cheveux coupés court, sa veste de tweed et son pull-over bleu marine. Avec cette assurance qui le caractérise, il s'y présente comme un « menteur professionnel » en quête d'amour et d'affection.

Jean-Marc Morandini : *Tu ne vas pas pouvoir rester un enfant toute ta vie !*
FB : *C'est bien le problème. Un petit garçon, on l'aide. Moi, je vais crever de faim et de froid dans la rue...*
Un peu plus tard, il répond à une question en parlant de lui à la troisième personne.
FB : *Je vous dirai que Frédéric Bourdin n'a pas d'amis.*

Une remarque pas tout à fait fondée. Bourdin n'a peut-être pas d'amis mais il a désormais des protecteurs. Quelques jours après l'enregistrement de cette interview, Bourdin est engagé comme journaliste-stagiaire au sein de la rédaction de *Tout est possible*. « Il s'était un peu attaché à nous, raconte le producteur Bernard Bouthier. On a essayé de l'aider. » Le producteur de télévision, comme d'autres, a été ému par « son histoire tellement extraordinaire ». « Sa vie est un roman », dit Bernard Bouthier, qui garde le souvenir « d'un beau parleur et d'une personnalité très forte, un garçon buté, avec beaucoup d'énergie. » Logé chez un autre journaliste, Bourdin participe au travail collectif de recherche pour trouver des témoins à interviewer lors des émissions. Bernard Bouthier l'inscrit également en consultation psychiatrique à Sceaux (Hauts-de-Seine), dans un service destiné aux étudiants. Bourdin se rend à deux séances et abandonne. Au sein de la rédaction du magazine, il peine à s'intégrer. « Il avait son propre univers, poursuit Bernard Bouthier. Je ne suis pas sûr que ce travail l'intéressait vraiment. Il passait beaucoup de temps au téléphone. » L'expérience se poursuit pendant deux mois. Puis, un matin, sans un mot d'avertissement, Frédéric Bourdin ne se présente pas à son travail. Il ne vient pas non plus le lendemain, ni les jours suivants. Il est parti, encore une fois, sans laisser d'adresse. Quelques jours plus tard, Bernard Bouthier reçoit un appel en PCV d'Italie. « Je suis à Rome, ne vous inquiétez pas », lui dit Bourdin. « S'il l'avait voulu, on aurait pu l'embarquer avec nous. Mais sa vie était ailleurs, sur la route, commente le producteur de télévision. Pendant un temps, il a été séduit, puis il est retourné à ses fictions intérieures. » « Dommage pour moi, j'avais une vraie chance et je l'ai gâchée », reconnaît aujourd'hui Bourdin. Sa famille, évidemment, ne comprend pas qu'il ait pu laisser passer une telle occasion.

Journaliste, même stagiaire, à Paris : que peut rêver de mieux un gamin de Mouchamps qui n'a même pas le bac ? Christian Aniort, le journaliste de *La Dépêche du Midi* avec lequel Frédéric est resté en contact après l'histoire d'Auch, se souvient que Bourdin l'avait appelé alors qu'il était stagiaire à *Tout est possible* : « Il avait l'air content. Il m'avait dit qu'il était sorti de ses affaires. » Bourdin lui-même ne se donne pas la peine de trouver une explication convaincante. « Je voulais épater tout le monde avec mes talents d'apprenti journaliste, écrit-il dans une lettre. Le travail de recherche me plaisait beaucoup. J'ai toujours adoré le téléphone, la communication. Mais cela commençait à irriter les autres journalistes et moi qui ai horreur du conflit, j'ai préféré partir. » Il n'y a pas eu de conflit, personne ne l'a poussé dehors. Frédéric, tout simplement, a repris sa course folle. Il a renoué avec « sa logique d'errance permanente », comme dit Bernard Bouthier.

Il y a en effet, depuis le temps de ses premières fugues, quelque chose d'incroyablement systématique et répétitif dans cette errance. Pour s'en convaincre, il suffit de lire quelques pages du récit de sa vie, tel qu'il l'a couché sur le papier en prison. Ces notes ont été rédigées par Bourdin en anglais, en octobre 2002, au Federal Correctionnal Center (F.C.R.) de Minnersville, en Pennsylvanie, alors qu'il entamait sa cinquième année de détention aux Etats-Unis. C'est un résumé de sa vie, sec comme un rapport de police, qui court sur 30 pages couvertes d'une même écriture bâton. Une longue suite de dates, de lieux et de noms qu'il est allé puiser au fond de sa mémoire. Au total, 137 foyers, répartis dans 9 pays européens.

« Janvier à mars 1995

PARIS *(France), je suis resté à l'hôtel, j'ai donné une interview à* TF1. *Plus tard ils m'ont offert un job et engagé. Deux mois plus tard, j'ai pris le train pour Rome mais j'ai été interpellé à la frontière (côté français). Après qu'on m'ait notifié la date de mon procès (à Dijon), j'ai continué mon voyage en train jusqu'à Rome…*

Mars à juin 1995

ROME *(Italie), j'ai été placé dans un hôpital puis dans un foyer d'accueil sous une fausse identité puis j'ai été transféré dans un autre foyer pour mineurs, je suis parti quelques jours plus tard pour Naples.*

NAPLES, *j'ai été placé dans un hôpital puis dans un foyer d'accueil sous une fausse identité, je suis parti quelques jours plus tard pour Salerne.*

SALERNE, *j'ai été placé dans un hôpital puis dans un foyer d'accueil sous une fausse identité, je suis parti quelques jours plus tard pour Potenza.*

POTENZA, *j'ai été placé dans un hôpital sous une fausse identité puis transféré à Lagonegro.*

LAGONEGRO, *toujours sous la même identité, j'ai été placé à la fois dans un foyer pour mineurs et une famille d'accueil. Je suis parti deux mois et demi plus tard pour Palerme.*

Juin à septembre 1995

PALERME, *j'ai passé la nuit dans une caserne de carabiniers, puis j'ai été placé dans un foyer d'accueil à Monreale sous une fausse identité.*

MONREALE, *je suis resté dans le foyer pour mineurs pendant environ un mois, puis j'ai été transféré dans un autre foyer à Agrigente.*

AGRIGENTE, *après quelques jours je me suis (à moitié) identifié, on m'a donné de l'argent et je suis parti pour…*

POTENZA, *une amie m'a conduit à Foggia.*

FOGGIA, *j'ai été placé dans un foyer pour mineurs sous une fausse identité, nous sommes partis en camp d'été et, quelques jours plus tard, on m'a demandé de partir. J'ai parcouru 50 ou 60 km vers le Nord et j'ai été arrêté par les carabiniers. Je leur ai donné ma fausse identité d'Agrigente et, 24 heures plus tard, ils m'ont ramené à Agrigente.*

AGRIGENTE, *j'ai été placé dans le même foyer et je suis parti, plus tard, pour Florence.*

FLORENCE, *j'ai été placé dans un foyer pour mineurs sous mon identité d'Agrigente et je suis parti deux jours plus tard pour Bologne.*

BOLOGNE, *j'ai été placé dans un foyer d'accueil sous mon identité d'Agrigente et je suis parti le lendemain pour Parme.*

PARME, *j'ai été placé dans un foyer d'accueil, toujours sous mon identité d'Agrigente, puis ils m'ont envoyé en camp de vacances, puis ramené au foyer d'accueil et, quelques jours plus tard, j'ai pris le train pour Vérone.*

VERONE, *j'ai de nouveau été placé dans un foyer d'accueil sous mon identité d'Agrigente et je suis parti quelques jours plus tard pour Bolzano.*

BOLZANO, *j'ai été placé dans un hôpital puis dans un foyer d'accueil sous une fausse identité, je suis parti 24 heures plus tard pour Trente.*

TRENTE, *j'ai été placé dans un foyer d'accueil sous une fausse identité et je suis immédiatement parti pour Padoue.*

PADOUE, *j'ai été placé dans un foyer pour mineurs tout neuf, toujours sous mon identité d'Agrigente. A la suite d'un conflit, on m'a raccompagné à Agrigente.*

AGRIGENTE, *j'ai été replacé dans le même foyer, toujours aussi hospitalier, puis j'ai révélé ma vraie identité et j'ai pris le train pour quitter la Sicile.*

QUELQUE PART EN CALABRE, *j'ai passé la nuit dans une caserne de carabiniers, puis j'ai été placé dans un foyer d'accueil pour mineurs de Crotone sous une fausse identité.*

CROTONE, *je suis resté dans le foyer quelques jours, puis je suis parti pour la France… »*

Pendant son périple de six mois à travers l'Italie, Bourdin voyage sous l'identité de Michelangelo Martini. Vers la fin de son voyage, il dit s'appeler Giovanni Petrullo, empruntant le patronyme d'une assistante sociale italienne qu'il a connu, quelques mois plus tôt, à Potenza, et qui lui a témoigné de la sympathie. C'est Emilia Petrullo qui a fait admettre Bourdin à l'Institut San Nicola de Lagonegro, où il est resté près de trois mois. « Il est arrivé dans une condition physique précaire, il était très fatigué, se souvient Emilia Petrullo. C'était un garçon très gentil, qui s'entendait bien avec tout le monde. » A Lagonegro, Bourdin se rend utile en donnant des cours de français aux jeunes Italiens. Sa connaissance de la langue italienne le lui permet. Il refuse néanmoins toute aide thérapeutique. « Frédéric est *borderline*, estime Emilia Petrullo. Il a besoin de suivre une thérapie. Mais on dirait qu'il préfère la prison. C'est triste. » Après son départ de Lagonegro, Bourdin a continué d'appeler, de temps en temps, l'assistante sociale de Potenza pour lui donner des nouvelles.

A son retour d'Italie, Frédéric Bourdin ne reste que quelques jours chez ses grands-parents avant de repartir pour Amsterdam, Bruxelles puis, de nouveau l'Espagne, où il séjourne jusqu'en février 1996. Il prend ensuite la direction de l'Italie, passe à Lausanne, en Suisse, en mai, d'où il est expulsé vers la France par la police vaudoise après s'être fait passer pour Manfred Belloto, un adolescent italien traumatisé. A la frontière, la police française l'informe qu'il doit se présenter au tribunal de La Roche-sur-Yon, car il est sous le coup d'une peine de prison de trois mois avec sursis prononcée par le tribunal correctionnel de Dijon. Aussitôt remis en liberté, Bourdin repart pour l'Autriche, où il est une nouvelle fois interpellé, placé dans un centre de détention pour immigrés en situation irrégulière, à Vienne, et expulsé vers la France. De Paris, il dérive vers Châteaudun, puis Bordeaux, où il reste pendant deux semaines dans un foyer d'accueil sous une fausse identité. De là, il remonte vers

Rennes, où il débarque, le 31 juillet, en pleine nuit, escorté par des gendarmes, au foyer pour mineurs de Chantepie (Ille-et-Vilaine). Bourdin se présente sous l'identité de Hugues Chenui, 14 ans. Chenui, c'est à une lettre près le nom des propriétaires du garage de Mouchamps, dont l'un des fils, Stéphane Chenu, allait à l'école avec lui. Jean-Pierre Rault, le directeur du foyer de Chantepie, conserve un souvenir vivace de cette arrivée « romanesque ». « Il prétendait avoir fugué d'un autre établissement, où il aurait été abusé sexuellement, précise Jean-Pierre Rault. Il nous a fallu beaucoup de temps, effectuer pas mal de recoupements avec les gendarmes et le procureur de Rennes pour établir la vérité. Lui n'a jamais varié dans ses déclarations. »

Pendant presque trois mois, Bourdin reste le plus souvent mutique en présence des éducateurs. « La présence de ce môme énigmatique interrogeait tout le monde mais il ne représentait aucune menace pour la sécurité », explique le directeur du foyer. Pour Jean-Pierre Rault, Frédéric Bourdin n'a jamais, par son comportement, montré qu'il pouvait être dangereux pour les autres. Il n'était pas fondamentalement différent de tous ces jeunes « inscrits dans une conduite d'errance » qu'on retrouve dans les foyers de la DDASS. Mais, ce qui le distingue, c'est une évidente dimension romanesque. « Face à sa souffrance, il a trouvé cette arme-là pour ne pas sombrer dans la folie, estime Jean-Pierre Rault. Ce roman ininterrompu qu'il construit au jour le jour, c'est ce qui le tient en vie. » Une analyse que Jean-Pierre Rault a tiré, non seulement de son observation de Frédéric Bourdin pendant son séjour au foyer de Chantepie, mais également de ce qui est advenu ensuite. Après avoir été identifié par la brigade de recherche de Rennes, Bourdin est ramené à Mouchamps par les gendarmes, en octobre. Il ne passe qu'une nuit chez ses grands-parents et repart pour Rennes dès le lendemain, où il retrouve Arnaud E., un garçon de 14 ans qu'il a connu au foyer de Chantepie. « D'autres enfants abusaient de lui physiquement et moralement et cela avait cessé depuis que j'étais devenu son copain, explique Bourdin dans une lettre écrite en prison. Quand j'ai été démasqué, ce très bon copain était fou de tristesse car il s'était attaché à moi. (...) Je ne pouvais pas le laisser comme ça, alors j'ai décidé de l'emmener avec moi, sachant que lorsqu'ils nous retrouveraient, ils ne le laisseraient plus dans ce foyer ». A Rennes, Frédéric Bourdin, âgé de 22 ans, et Arnaud E., quatorze ans, prennent la route du Sud. Ils atteignent ainsi Porto, où ils sont interpellés par la police portugaise et placés en garde à vue pendant 72 heures. Selon le récit de Bourdin, ce n'est qu'au bout de trois jours qu'il accepte de s'identifier, ainsi que son compagnon mineur. Arnaud E. est alors placé dans un foyer pour mineurs, où un responsable du foyer de Chantepie vient le récupérer. « On était estomaqués, raconte Jean-Pierre Rault. En général, on retrouvait plutôt les gamins sur Rennes, dans des squats ou dans ces endroits connus de tous les fugueurs où les jeunes désoeuvrés se retrouvent. Mais le Portugal, on n'avait jamais vu ça ! » Bourdin, pour sa part, est envoyé en prison pendant dix jours à Porto, période au terme de laquelle il est une nouvelle fois expulsé vers la France. A Paris, il passe de nouveau trois semaines en détention, avant d'être libéré. Son escapade au Portugal en compagnie d'un mineur de 14 ans lui vaudra néanmoins d'être condamné plus tard pour « enlèvement d'un mineur à ses responsables

légaux ».
Au printemps 2004, le directeur du foyer de Chantepie, Jean-Pierre Rault, sera interrogé par les gendarmes, agissant sur commission rogatoire du juge d'instruction de Grenoble, qui cherche à déterminer si Bourdin aurait pu se rendre coupable d'abus sexuels sur le mineur de 14 ans. Réponse négative. Frédéric Bourdin, de son côté, parle encore aujourd'hui d'Arnaud E. comme de son « demi-frère » de cœur. Des sentiments qui ne semblent pas être partagés. « Il m'accuse d'avoir foutu sa vie en l'air. Il me déteste… Bref, il est devenu un adulte ! », explique Bourdin.

Lors de nos nombreuses conversations, Frédéric Bourdin s'est expliqué plus d'une fois sur les raisons pour lesquelles il recherche la compagnie des enfants et pourquoi, devenu majeur, il a continué et continue encore, à trente ans, à vivre dans des foyers pour mineurs. Chez lui, le refus du monde adulte n'est pas une vaine formule : Bourdin veut prolonger aussi longtemps qu'il le pourra l'enfance dont il estime avoir été privé. En conséquence, il utilise toutes les ressources de son intelligence et de sa volonté pour se rajeunir aux yeux des autres et jouir aussi longtemps que possible des privilèges de l'enfance : être écouté, plaint, soigné, choyé. « On ne m'a pas écouté quand j'étais un gosse. Maintenant, j'en profite et ça me fait du bien », dit-il. Seule la nature et cette lente dégénérescence des cellules contre laquelle personne ne peut rien l'obligeront à s'arrêter un jour. Frédéric Bourdin a donc une peur obsessionnelle de vieillir parce que le jour où il ne pourra plus se faire passer pour un mineur, sa vie basculera. Vers où, vers quoi, il ne le sait pas.
En décembre 1996, Frédéric Bourdin séjourne sous une

fausse identité dans le service pédo-psychiatrie d'un hôpital de Nice. Rapidement identifié, il est commis d'office dans un hôpital psychiatrique et placé à l'isolement pendant un mois. En raison de ses fausses déclarations, il est condamné par le tribunal correctionnel de Nice à cinq mois de prison avec sursis pour « dénonciations mensongères », avant d'être remis en liberté. En janvier 1997, il traverse la Belgique, les Pays-Bas, l'Allemagne et le Danemark pour atteindre la Suède. A Stockholm, il prétend s'appeler Mark et être un jeune Américain originaire de Brooklyn, à New York, qui a fui les persécutions de son oncle, un criminel. Le consulat américain, alerté par les autorités suédoises, dépêche l'un de ses fonctionnaires auprès de Bourdin. Après interrogatoire, l'employé du State Department conclut à une imposture. Bourdin s'enfuit du foyer où il avait été placé, il est rattrapé par la police et interné dans un hôpital psychiatrique pour enfants. Après qu'il s'est finalement identifié auprès des autorités, Bourdin est expulsé de Suède et mis dans un avion pour Paris.

De Paris, il se rend à Nantes, puis à Bordeaux, Tarbes, Lanemezan, Perpignan et, de nouveau, il passe la frontière espagnole. Il reste quelques semaines en Espagne puis revient à Mouchamps. « Là, j'ai embrassé ma grand-mère pour la dernière fois », note-t-il. Bourdin repart aussitôt pour l'Angleterre. Il séjourne à Portsmouth, Londres et Douvres. En appelant à Mouchamps, il apprend que l'état de santé de sa grand-mère s'est détérioré et décide de rentrer en France. A Amiens, « j'ai dormi dans la rue comme un clochard ». Au Havre, où il s'est fait admettre dans un foyer pour mineurs, il est interpellé par les gendarmes et placé en détention. Mis en examen pour « outrage à magistrat », il est néanmoins libéré au bout de 24 heures. C'est de la bouche d'un policier qu'il apprend alors que sa grand-mère est décédée en son absence. Bourdin rentre en Vendée. Il va passer d'abord quelques jours chez sa mère, à Aubigny, près de la Roche-sur-Yon, puis il s'installe à Mouchamps, avec son grand-père, dans la maison de son enfance. Profondément affecté par la disparition de sa grand-mère, Frédéric semble alors, pendant l'été 1997, décidé à changer de vie. « Il disait qu'il voulait s'installer, arrêter sa vie de délinquance. Il s'était acheté une mobylette pour aller travailler», raconte sa tante, Reine Drouart. Bourdin, en effet, a trouvé un emploi dans un abattoir de volailles à La Châtaigneraie, à quelques kilomètres de Mouchamps. Sa mission : attraper les poulets arrivés à maturité... « Pour une paye de misère, dit son grand-père. C'était pas un travail pour lui ». A la fin de l'été, Frédéric Bourdin donne sa démission. Il vient d'apprendre qu'il a été condamné en son absence à cinq mois de prison par le tribunal correctionnel du Havre. « Il fallait que je parte » commente-t-il. En prenant de nouveau le chemin de l'Espagne, comme il l'a déjà fait tant de fois, Frédéric Bourdin ne se doute pas qu'il part pour un très long voyage. Un voyage qui va le mener jusqu'en Amérique, où il a rendez-vous avec son destin.

7

Dans la peau de Nicholas Barclay

Frédéric Bourdin reste, à ce jour, « la seule personne à avoir usurpé l'identité d'un enfant disparu dans l'histoire des Etats-Unis ». C'est ainsi que le magazine *20/20* de la chaîne ABC le présente, le 4 novembre 1998, à des millions de téléspectateurs. Pour les Américains, qui en ont pourtant vu d'autres, il s'agit d'une « histoire étrange, follement improbable et pourtant vraie » et Bourdin est décrit en préambule de ce reportage comme « l'un des individus les plus manipulateurs et les plus convaincants que l'on ait jamais vus ». Six ans après, à San Antonio, personne n'a oublié cette incroyable histoire et, dans la prison de Floresville, la petite ville voisine où Bourdin a été détenu jusqu'à son procès, on vous conduit sans une hésitation à la cellule que « le Français » a occupée pendant neuf mois. Les policiers locaux se souviennent encore avec nostalgie du défilé des journalistes venus de l'autre bout des Etats-Unis pour l'interviewer. Frédéric Bourdin a enfin goûté, au Texas, à la célébrité dont il avait toujours rêvé. A sa manière, toujours paradoxale, il est devenu « quelqu'un ». Un homme dont on reconnaît le visage dans la rue, dont on retient le nom. Mais le prix à payer est lourd : six ans de prison. Plus tard, il se reprochera cent fois sa stupidité et méditera dans sa cellule sur les caprices du destin. Mais il ne pouvait pas imaginer, en quittant Mouchamps sac au dos, en septembre 1997, vers quelles intrigues, dignes d'un roman noir, ses pas le conduisaient.

L'Espagne, jusqu'alors, s'est toujours montrée hospitalière pour Frédéric Bourdin. Il y a ses habitudes et se débrouille parfaitement en espagnol, ce qui, plus tard, lui permettra de rester en vie. La première étape de son voyage l'emmène à Burgos, où il séjourne pendant quelques jours sous une fausse identité dans un foyer pour mineurs. La deuxième le conduit à Séville, en Andalousie, dans un foyer d'accueil qu'il a déjà fréquenté en 1993, et où il reste pendant deux semaines. Puis il se rend à Malaga où, se présentant comme un mineur sans ressources, il sollicite l'aide du consulat de France pour se faire rapatrier. Avec l'argent ainsi soutiré pour un billet de train vers la France, Bourdin prend le bus pour Grenade puis le train pour Linares, où il se fait admettre sous une fausse identité dans le foyer pour mineurs Nuestra Senora de la Cabeza. Les responsables du foyer se posent des questions sur l'identité de ce jeune qui leur paraît plus âgé que ce qu'il prétend. D'autant que, comme toujours, Frédéric Bourdin leur fournit des informations invérifiables sur ses origines. Mais ces vérifications demandent du temps et Bourdin est déjà installé depuis presque un mois à Nuestra Senora de la Cabeza lorsque les policiers espagnols

informent la juge des enfants qu'ils soupçonnent avoir affaire à un imposteur confirmé, de surcroît majeur. Les policiers espagnols ont obtenu d'Interpol la fiche de renseignements de Frédéric Bourdin et leur conviction n'est pas loin d'être faite. Un procureur se saisit dès lors de l'affaire. Bourdin, rôdé à ce genre de situation qu'il a vécue des dizaines de fois, comprend que le moment est venu de reprendre la main. « J'étais piégé à Linares, il fallait que je trouve une porte de sortie », dit-il. Jusqu'alors, Frédéric Bourdin a toujours inventé des identités, utilisant parfois les noms de gens qu'il a connus, ancien camarade de classe (Chenui) ou assistante sociale (Petrullo), mais, le plus souvent, il fabrique de toutes pièces des noms et les histoires invérifiables qui vont avec. Mais la méthode a ses limites et Frédéric Bourdin le découvre à ses dépens à Linares. Pour échapper à la justice espagnole, il lui faut cette fois prouver son identité. Et il doit le faire vite car le procureur de Linares s'apprête à faire relever ses empreintes digitales. Dans l'urgence, Frédéric Bourdin change de technique : pour la première fois, il va prendre l'identité d'un autre, l'identité d'un adolescent porté disparu. « Je n'avais aucune idée de ce que j'allais déclencher », commente-t-il aujourd'hui.
Comme à Stockholm, quelques mois plus tôt, lorsqu'il s'était fait passer pour un adolescent originaire de Brooklyn, son choix se porte sur les Etats-Unis. Un pays immense de 280 millions d'habitants où les adolescents portés disparus se comptent par centaines et où aucun service de police n'a jamais entendu parler de Frédéric Bourdin. Après quelques tâtonnements, il appelle un numéro gratuit aux Etats-Unis, le numéro du Center for Missing & Exploited Children (Centre d'information sur les enfants disparus et

exploités), à Arlington (Virginie). Se faisant passer pour un responsable du foyer de Linares, Bourdin obtient un nom : Nicholas Patrick Barclay. Il réussit également à se faire faxer par son interlocuteur du centre d'information d'Arlington la fiche complète de renseignements sur l'adolescent disparu le 13 juin 1994, à San Antonio (Texas), à l'âge de 13 ans et demi. Tout y est : sa date de naissance, le 31 décembre 1980, la couleur de ses yeux (bleus), la couleur de ses cheveux (blonds) et la description de ses tatouages : un « T » à la main gauche, entre le pouce et l'index, un « J » sur l'épaule gauche et un « L » et un « N » sur la cheville gauche. Les tatouages ne posent pas de problème : Bourdin demande à une adolescente espagnole avec laquelle il a sympathisé au foyer de Nuestra Senora de la Cabeza de piquer à l'encre bleue les lettres aux endroits indiqués sur la fiche. Des tatouages superficiels et provisoires mais qui feront parfaitement l'affaire. Pour les cheveux, c'est facile, il teint les siens en blond. Pour les yeux bleus, cela paraît plus compliqué : il les a marron. Mais Bourdin, qui ne doute de rien, élabore une histoire invraisemblable pour expliquer cette transformation. Il raconte avoir été kidnappé par des militaires américains qui l'ont drogué et fait sortir clandestinement des Etats-Unis pour l'utiliser comme « esclave sexuel » en Europe. Ce sont ces mêmes militaires américains qui, pour empêcher toute identification, auraient changé la couleur de ses yeux en lui injectant des produits chimiques. Avec le recul, cependant, il s'étonne encore qu'un détail lui ait échappé. Un détail dans lequel il aurait pu lire un signe annonciateur du destin et de « cette chose folle » qu'il était sur le point de déclencher. Nicholas Barclay a disparu un 13 juin, le jour anniversaire de la naissance de Bourdin. « Une telle coïncidence, ça donne le frisson. Mais à l'époque ça n'a pas fait tilt dans ma tête, dit-il. La seule chose à laquelle j'ai pensé, c'est où j'étais le 13 juin 1994. » Plus tard, il relèvera, comme un autre signe du destin, que Nicholas Barclay est né un 31 décembre, comme sa mère.

Avec les informations dont il dispose désormais, Frédéric Bourdin, se faisant toujours passer pour un responsable du foyer pour mineurs de Linares, appelle le San Antonio Police Department (S.A.P.D.) pour signaler la présence d'un adolescent américain qui dit s'appeler Nicholas Barclay et avoir été kidnappé à San Antonio trois ans plus tôt. Le S.A.P.D., chargé de l'enquête qui n'a jamais donné aucun résultat sur la disparition de Nicholas Barclay, prévient alors la mère de l'adolescent disparu, Beverly Dollarhide, qui téléphone aussitôt à sa fille aînée, Carey Gibson, la demi-sœur de Nicholas, pour l'informer de l'incroyable nouvelle. L'Espagne pour Beverly Dollarhide et Carey Gibson, c'est le bout du monde. La mère et la fille n'ont jamais quitté les Etats-Unis. Beverly Dollarhide travaille de nuit dans un Dunkin'Donut, une chaîne de boulangeries industrielles qui vend des donuts, ces beignets que les Américains avalent au petit déjeuner avec un café brûlant. Carey Gibson est employée dans un magasin de photocopieurs. Avec son mari, Bryan, un charpentier, et ses deux enfants, Cody, un garçon de 14 ans, et Shantel, une fille de 11 ans, elle vit dans un *trailer park* à la périphérie de San Antonio. Les *trailer parks,* ce sont des lotissements qui poussent à la sortie des villes américaines, le long des *highways* (autoroutes), dans lesquels les familles blanches à faible revenu habitent des mobile homes. Beverly Dollarhide et Carey Gibson appartiennent donc à cette catégorie sociale qu'on appelle aux Etats-Unis, de manière péjorative, « trailer trash » : les blancs pauvres. Pour Beverly Dollarhide ou sa fille, un billet d'avion pour l'Espagne et les frais d'hôtel sur place représentent une dépense bien au-delà de leurs moyens. Ce n'est pas une mince affaire. Pourtant, il faut à peine quelques heures à Carey Gibson pour prendre sa décision. Après le coup de téléphone de sa mère, elle a appelé l'Espagne. Dans la seule interview qu'elle ait donnée à ce jour, Carey Gibson explique qu'un responsable du foyer de Linares lui a décrit les tatouages de Nicholas et raconté qu'il était fan de Michael Jackson. Dans cette interview à la chaîne américaine ABC, diffusée en janvier 1999, Carey Gibson affirme également qu'elle a parlé à Nicholas : « Il pleurait. Il m'a dit : " Je t'aime et je veux rentrer à la maison ". Pour moi, la seule question qui se posait, c'était comment aller en Espagne ». La sœur de Nicholas Barclay ajoute : « Oui, je l'ai cru. Même s'il y avait une partie de moi qui pensait " peut-être pas… ". »

Pendant ce temps, à Linares, Frédéric Bourdin a réussi à gagner du temps. Les policiers espagnols ne croient pas à sa nouvelle identité. « Ils étaient convaincus que j'étais Frédéric Bourdin », dit-il. Le procureur de Linares également mais la magistrate espagnole doit composer avec un nouvel élément. Carey Gibson a sollicité l'aide du consulat des Etats-unis à Madrid, qui a pris contact avec la justice espagnole : tout le monde attend désormais l'arrivée de la sœur de Nicholas Barclay et d'un représentant du State Department. « La juge des enfants était plus que sceptique, raconte Bourdin. Elle m'a dit : « Si vous êtes vraiment Nicholas Barclay, je m'excuserai. Mais je ne vous crois pas. » Frédéric Bourdin ne se fait guère d'illusions. Il s'attend à être bientôt démasqué : « Je ne pensais pas une seconde pouvoir tromper la famille de Nicholas », dit-il. Vient l'heure de la première confrontation entre Carey Gibson et Frédéric Bourdin. A partir de ce moment, il existe deux versions, diamétralement opposées, de la même histoire : la version de Carey Gibson et celle de Frédéric Bourdin. Jusqu'à aujourd'hui, c'est la première, la version selon laquelle la famille de Nicholas Barclay a sincèrement cru l'avoir retrouvé trois ans après sa disparition, qui a toujours prévalu car Bourdin a attendu d'être libéré de prison, six ans plus tard, pour dire la vérité. Et il a payé cher ses mensonges. Pourquoi ? D'abord, parce qu'il s'est pris au jeu. Il a voulu rester jusqu'au bout le « génial imposteur » dépeint par les journalistes. Ensuite, parce qu'il n'avait pas compris qu'aux Etats-Unis, les règles du jeu ne sont pas les mêmes qu'en Europe. Il n'avait pas anticipé la sévérité de la justice du Texas et pensait s'en tirer avec une condamnation à deux ans de prison qui ne lui faisait pas peur. Enfin, parce qu'un pacte étrange le liait à la famille de Nicholas Barclay jusqu'à son procès. C'est ce que nous allons tenter d'expliquer dans les pages qui suivent.

Pour ce qui concerne le témoignage de Carey Gibson, la seule source directe dont on dispose est l'interview qu'elle a accordée à la chaîne ABC. Un entretien au cours duquel elle décrit sa première rencontre avec Frédéric Bourdin en Espagne. « Lorsque je l'ai vu, j'ai pensé : " Mon Dieu, c'est le portrait craché d'oncle Pat ! " », dit-elle, en faisait référence au frère de sa mère. Carey Gibson, une blonde de 38 ans au regard clair, raconte qu'elle a alors serré celui qu'elle croyait être son frère dans ses bras et qu'elle pleurait de bonheur. C'est le seul récit que la sœur de Nicholas Barclay a fait de cette rencontre. Après le procès de Frédéric Bourdin, Carey Gibson n'a plus jamais accordé d'interviews et refusé tout contact avec la presse. Pour échapper à l'attention des médias, elle a ensuite déménagé avec toute sa famille sans laisser d'adresse. Frédéric Bourdin affirme au contraire que Carey Gibson a su « au premier regard » dans la cour du foyer pour mineurs de Linares, qu'il n'était pas son frère. Un peu plus tard, raconte-t-il, ils se sont retrouvés en tête-à-tête dans un café et Carey Gibson a étalé des photos de famille sur la table. « Elle m'a dit : " Je sais que tu n'es pas mon frère mais ma mère nous attend ". Ensuite, elle m'a montré des photos de Beverly, de son frère Jason, de son mari et de ses enfants et m'a demandé de mémoriser leurs noms et leurs dates de naissance », explique-t-il. Bourdin ajoute que Carey Gibson lui a raconté des anecdotes familiales pour lui permettre de tromper les autorités espagnoles. Elle lui aurait ainsi décrit comment Nicholas, quelques années plus tôt, avait fait tomber son fils Cody d'un arbre. Bourdin précise que Carey Gibson l'a « supplié » de rentrer avec elle aux Etats-Unis. Pourquoi ? Il affirme qu'elle ne lui a pas donné d'explication et qu'elle est restée vague sur ses motivations. Selon lui, Carey Gibson avait beaucoup souffert de la disparition de son jeune frère et avait « besoin de quelque chose qui mette fin à sa souffrance ». « Je crois qu'elle essayait de sauver sa famille et qu'elle tentait de reconstruire quelque chose avec moi », dit-il. Aussi étonnant que cela puisse paraître, Bourdin n'a pas cherché à en savoir davantage. Pour sa défense, il est vrai qu'à ce moment de l'histoire, Frédéric Bourdin n'est pas le moins surpris par la tournure que prennent les événements. Car tout s'accélère. Dans le bureau du procureur espagnol, déjà ébranlé par les certitudes de Carey Gibson, Bourdin passe son dernier interrogatoire avec succès. Avant d'être libéré, en point d'orgue, il se livre même à un petit numéro d'imitation de Michael Jackson. A Madrid, le consulat américain ne pose aucune difficulté. En quelques heures, il délivre à Bourdin un passeport au nom de Nicholas Patrick Barclay. « Ils lui ont donné un passeport et nous ont conduit à l'aéroport sans poser une question. En 24 heures, tout était réglé », confirme Carey Gibson à ABC. Dans l'avion qui l'emmène aux Etats-Unis, Bourdin prend néanmoins conscience de ce qui l'attend à son arrivée et il n'en mène pas large. « Je pensais que j'étais foutu. Je me disais que la meilleure chose qui puisse m'arriver, ce serait que l'avion s'écrase », se souvient-il. Mais l'avion, après une escale à Atlanta, se pose sans incident, le 18 octobre 1997, à l'aéroport de San Antonio, (Texas).

San Antonio n'est pas la principale ville du Texas, cet Etat de 691 000 km^2, plus vaste que la France. Avec un million d'habitants, San Antonio n'est que la troisième agglomération de l'Etat, après Houston et Dallas. Située à 230 km de la frontière avec le Mexique, la ville est un peu le cœur historique du Texas, avec le légendaire Fort Alamo, et un important centre militaire. A la périphérie de la ville, sont installées quatre importantes bases de l'US Air Force : Lackland, Kelly, Randolph et Brooks. San Antonio, principal pôle commercial du Texas oriental, est au centre du pays des grands ranchs d'élevage. C'est le pays des cow-boys, dont la devise guerrière, « Don't mess with Texas », s'affiche sur des panneaux, le long des interminables autoroutes. Traduit librement, cela donne : « Faut pas chercher des noises aux Texans ». Un avertissement dont Frédéric Bourdin aurait été bien inspiré de tenir compte, d'autant que les juges de cet Etat, qui détient le record national de condamnations à mort, ont la réputation d'avoir la main lourde. Dans les couloirs de l'aéroport, le jeune Français de 23 ans a les jambes qui flageollent car il s'avance vers l'inconnu. Il porte une casquette enfoncée sur le front, des lunettes noires et une écharpe qui lui cache le menton. L'étrange scène des retrouvailles qui suit a été filmée par Carey Gibson. On y voit Beverly Dollarhide, la mère de Nicholas Barclay, s'approcher avec hésitation de Frédéric Bourdin dans un couloir mal éclairé et le serrer un bref instant dans ses bras avant de se retourner, l'air incrédule, vers la caméra. Elle ne donne absolument pas l'impression d'être heureuse. Elle paraît plutôt tendue, le regard absent. Il se dégage de toute cette scène quelque chose d'irréel, le plus étrange étant l'apparence de Bourdin, dont on ne voit pas le visage. Sur ces images, on distingue également Bryan Gibson, le mari de Carey, et leurs deux enfants, Cody et Shantel. Mais Jason Dollarhide, le fils aîné de Beverly, n'est pas là pour accueillir son petit frère. *A posteriori*, ce qui étonne également, c'est qu'à son arrivée à San Antonio, Bourdin ne va pas habiter chez sa « mère », Beverly Dollarhide, comme Nicholas, jusqu'au jour de sa disparition, mais chez sa « sœur », Carey Gibson, dans un *trailer park* de Spring Branch, à quarante kilomètres au Nord de la ville, le long de la Highway 281. Un détail, parmi d'autres, qui intrigue l'agent du F.B.I., Nancy Fisher dès les premiers jours de son enquête. L'explication avancée par Carey Gibson, selon laquelle « c'est trop de stress » pour

sa mère, ne convainc pas l'agent fédéral spécialisé dans les disparitions d'enfants.
Six ans après avoir démasqué et envoyé en prison Frédéric Bourdin, l'ex-agent du F.B.I., Nancy Fisher, aujourd'hui retraitée des services fédéraux, reconnaît avoir eu très tôt de sérieux doutes sur la sincérité de Beverly Dollarhide et Carey Gibson. Alors que Frédéric Bourdin, alias Nicholas Barclay, affirme avoir été victime de sévices sexuels pendant plusieurs années, sa famille refuse, malgré les sollicitations des services sociaux, de l'emmener consulter un psychologue ou même un médecin. « Un comportement tout à fait inhabituel pour les proches d'une victime », estime Nancy Fisher. Avant l'apparition de Frédéric Bourdin en octobre 1997, le F.B.I. n'avait jamais été saisi de la disparition de Nicholas Barclay, survenue trois ans plus tôt. C'est le San Antonio Police Department (S.A.P.D.) qui a mené l'enquête et qui, à partir des informations données par sa famille, s'est orienté vers la piste d'une fugue. Nicholas Barclay était un adolescent difficile qui s'était déjà attiré, à 13 ans, quelques ennuis avec la justice. Une première fois à la suite du cambriolage d'un magasin d'articles de sport, la deuxième fois en menaçant un professeur. Le 13 juin 1994, jour de sa disparition, Nicholas Barclay avait rendez-vous chez le juge pour enfants. Selon les déclarations de sa mère aux enquêteurs, le juge pour enfants avait décidé de placer Nicholas dans un foyer, une mesure à laquelle l'adolescent était résolument hostile. Ce qui pourrait expliquer, selon elle, la décision de son fils de prendre la fuite. Nicholas Barclay a été aperçu pour la dernière fois, le 13 juin, à proximité d'un terrain de basket. Selon Beverly Dollarhide, il a appelé à la maison pour demander que quelqu'un vienne le chercher

en voiture. Mais elle dormait, car elle travaille de nuit, et Jason, son fils aîné, qui vivait alors avec elle et Nicholas, aurait refusé de la réveiller ou de se déplacer lui-même. « C'est la dernière fois qu'on a entendu sa voix », explique Beverly Dollarhide. L'enquête n'a jamais permis d'établir si Nicholas a quitté la ville, que ce soit en car ou en auto-stop. Dans les jours qui ont suivi la disparition de l'adolescent, des rumeurs de maltraitance sont néanmoins parvenues aux oreilles des enquêteurs du S.A.P.D.. Des voisins de Beverly Dollarhide et des camarades de classe de Nicholas rapportent que l'adolescent portait fréquemment des traces de coups sur le corps. Ils accusent sa mère et son frère Jason, réputés violents et toxicomanes. Des accusations restées sans suite. Trois ans plus tard, l'enquête est toujours au point mort quand Frédéric Bourdin fait son apparition.

Ce qui provoque la curiosité initiale du F.B.I., c'est cet incroyable kidnapping par des militaires américains dont l'adolescent, retrouvé en Espagne, affirme avoir été victime. Si les faits étaient établis, il s'agirait alors d'un crime fédéral, donc de la compétence du F.B.I.. Mais les premières demandes d'entretien de Nancy Fisher, qui souhaite entendre le récit de l'adolescent, se heurtent au refus obstiné de la famille de Nicholas Barclay. « Dès l'arrivée de Bourdin aux Etats-Unis, Beverly Dollarhide et Carey Gibson ont tout fait pour tenir le F.B.I. à distance », affirme Nancy Fisher. Une obstruction d'autant plus difficile à accepter que, dans le même temps, Frédéric Bourdin cède à son penchant immodéré pour la publicité. Plutôt que de se faire oublier et de profiter tranquillement de sa nouvelle vie, il multiplie les interviews avec les médias locaux. C'est ainsi qu'il apparaît, le visage masqué, dans une émission de télévision de la chaîne locale K-SAT 5 pour raconter comment il a été utilisé comme esclave sexuel par des militaires américains. L'avocat Jack Carter, qui sera plus tard le défenseur de Frédéric Bourdin à son procès, se souvient avoir trouvé le personnage de Bourdin/Barclay « bien mystérieux ». Dans sa quête de notoriété, Frédéric Bourdin a même réussi à attirer l'attention des médias nationaux. Intrigués par son histoire, les producteurs de l'émission *Hard Copy*, un magazine de faits divers très populaire, engagent un détective privé, Charlie Parker, pour mener l'enquête. Cet enquêteur privé, lors de ses nombreuses interviews à la presse, a souvent exagéré son rôle dans l'affaire en s'attribuant pratiquement la paternité de l'arrestation de Frédéric Bourdin. Ce que l'intéressé, qui voue une haine tenace à Charlie Parker, considère comme une imposture et que le récit de Nancy Fisher dément également.

Cependant, le F.B.I. est confronté à une situation délicate. Il n'est pas question de brusquer la famille, qui doit être considérée a priori comme fragile et vulnérable, et sans laquelle rien ne peut être fait, puisque Frédéric Bourdin, alias Nicholas Barclay, est théoriquement mineur. Dans le même temps, Nancy Fisher se pose des questions sur l'identité de Frédéric/Nicholas. Depuis le premier jour, elle le trouve suspect. Il a les yeux marrons et non bleus comme Nicholas Barclay. Il parle avec un accent distinctement étranger. De plus, son histoire de kidnapping par des militaires est trop énorme et le fait qu'il soit encore vivant pour la raconter encore moins crédible. Tous les agents du F.B.I. savent, des années d'expérience l'attestent, que les chances de retrouver vivant un enfant kidnappé deviennent minimes au-delà de 24 heures et quasiment nulles après quelques jours. Alors, trois ans… Le F.B.I. envisage d'emblée toutes les hypothèses : espion, terroriste ou criminel dangereux. Nancy Fisher sollicite discrètement l'aide de la CIA, qui lui répond par une fin de non-recevoir. Cette affaire ne suscite aucun intérêt du côté des services secrets. Reste la piste criminelle. Et une question à laquelle l'agent du F.B.I. est incapable de répondre. « Je ne comprenais pas les raisons pour lesquelles cette famille accueillerait ainsi un parfait inconnu. Moi, à leur place, j'aurais eu peur qu'il m'assassine pendant mon sommeil », explique Nancy Fisher.

Les soupçons du F.B.I. sont également confortés par le comportement anormal de Frédéric/Nicholas depuis son retour. Carey Gibson l'a inscrit dans un lycée proche de son domicile de Spring Branch, la Smithson Valley High School, que fréquentent déjà ses deux enfants. Mais ce semblant de retour à une vie normale ne dure pas : Bourdin est renvoyé du lycée au bout de deux semaines. Grâce à l'intervention de Nancy Fisher, dont Carey Gibson a sollicité l'appui, il est alors admis dans un établissement pour enfants difficiles de New Braunfels, une ville voisine. Trois semaines après son admission à la Comal Independent School, Bourdin est sanctionné pour avoir obtenu accès à des documents confidentiels concernant ses professeurs en déjouant la sécurité du système informatique de l'établissement. Quelques jours plus tard, il vole la voiture de Carey Gibson et fonce droit vers le Nord sur l'Interstate 35. Bourdin est arrêté pour excès de vitesse à 800 km de San Antonio, dans l'Etat voisin de l'Oklahoma, où Carey Gibson et son mari doivent aller le récupérer chez le shérif local. « J'étouffais, j'avais besoin de faire un tour », commente laconiquement Bourdin. C'est l'ouverture qu'attendait Nancy Fisher. Elle convainc une Carey Gibson à bout de nerfs de la laisser emmener Frédéric/Nicholas consulter un expert médical à Houston. Sentant le piège, Bourdin tente de se défiler au dernier moment mais Nancy Fisher ne lâche pas prise et le pousse littéralement dans le cabinet de ce spécialiste des symptômes post-traumatiques. Après trois heures d'entretien, l'expert livre ses conclusions à l'agent du F.B.I. : ce garçon n'est pas américain et aucun élément de son histoire ne résiste à un examen scientifique. Ni le changement de couleurs de ses yeux, ni l'explication qu'il donne au fait qu'il a perdu son accent américain. Bourdin prétend qu'on lui a interdit de parler sa langue maternelle pendant ses trois ans de captivité mais le médecin-expert est formel : il aurait dû retrouver l'usage complet de sa langue maternelle et son accent au bout de quelques jours seulement. Après l'avoir observé et écouté attentivement, l'expert en a conclu qu'il est « de toute évidence européen et probablement français ».

Nancy Fisher croit avoir gagné la partie. Elle n'est pas au bout de ses surprises. De Houston, elle appelle Carey Gibson pour lui annoncer la nouvelle : ce garçon n'est pas son frère. C'est désormais une certitude. Il n'est même pas américain. « Carey s'est mise à hurler, raconte Nancy Fisher. Elle pleurait au téléphone. Je lui ai dit de ne plus se préoccuper de son sort, que je prenais le relais, qu'elle n'avait pas à s'en faire ». Mais, lorsque l'agent du F.B.I. arrive à l'aéroport de San Antonio avec Bourdin, Carey

Gibson les y attend. « Elle a fait comme si je ne lui avais rien dit et elle est repartie avec Frédéric. Je n'en revenais pas », ajoute Nancy Fisher. Si Carey Gibson choisit d'ignorer les conclusions de l'expert-médical et de ramener Frédéric Bourdin dans sa famille, le Français, lui, sent l'étau se resserrer. La pression devient difficile à supporter et, peu de temps après la consultation de Houston, il se mutile avec une lame de rasoir. « Prendre la place de quelqu'un qui a existé, ce n'est pas comme vivre sous une identité fictive, dit-il pour expliquer son geste. Psychologiquement, c'est usant. » Bourdin est placé en observation dans un hôpital psychiatrique. Il y reste pendant près d'un mois et n'en ressort qu'après les fêtes de Noël. « Les médecins ont conclu que je n'étais pas fou », constate-t-il. A sa sortie de l'hôpital, Bourdin retourne vivre chez Carey Gibson, dans le *trailer park* de Spring Branch. Pas pour longtemps. La sœur de Nicholas Barclay expliquera plus tard que Bourdin, à la fin de son séjour chez elle, a commencé alors à se comporter de façon menaçante avec ses enfants en leur racontant « des histoires horribles ». Bourdin, de son côté, affirme que la tension est apparue dès le moment où il a commencé à passer des coups de téléphone aux journalistes. « Après chaque interview, c'étaient des disputes qui n'en finissaient pas, dit-il. Carey Gibson n'appréciait pas non plus, que je pose des questions à ses enfants », explique Bourdin. C'est de la bouche de Cody, le fils de Carey, qu'il dit avoir entendu les premières allusions aux accusations lancées par les voisins de Beverly Dollarhide. « Au début, c'était très vague mais j'ai commencé à fouiner et à classer les informations qu'on me donnait », dit-il. De ces deux mois passés dans la famille de Carey Gibson, il conserve aussi le souvenir désagréable qu'elle et son mari fumaient des joints devant leurs enfants tous les soirs. Lorsqu'il en a définitivement eu assez de cette vie à Spring Branch, Frédéric Bourdin s'enfuit vers New Braunfels, où il se fait admettre aux urgences. Le lendemain, c'est Beverly Dollarhide qui vient le chercher à l'hôpital. Carey Gibson a déclaré forfait.

Frédéric Bourdin emménage alors avec Beverly Dollarhide, qu'il appelle toujours « maman », dans le petit appartement de 40 m^2 qu'elle loue au 1111 Austin Highway, dans les quartiers Nord de la ville. Bentwood Place est un ancien motel reconverti en appartements bon marché, avec vue sur une route à six voies. Avec sa peinture gris-brun qui rappelle les baraquements militaires, sa grille d'entrée rouillée et sa population interlope, c'est le genre de « trou à rats » sinistre dans lequel on imagine qu'un homme qui sort de prison avec quelques dizaines de dollars en poche ferait halte le temps de se remettre à flot. Dans une ville américaine, c'est aussi le genre d'endroit typique où échouent les citoyens en bout de course et les junkies. Selon divers témoignages, Beverly Dollarhide fait partie de la dernière catégorie. Comme son fils aîné Jason, qui est entré dans un centre de désintoxication quelques jours après la disparition de Nicholas pour décrocher d'une double accoutumance à l'héroïne et à l'alcool, Beverly Dollarhide est une toxicomane. A plus de cinquante ans, elle consommerait régulièrement de l'héroïne. C'est ce qu'affirme Frédéric Bourdin, qui a partagé sa vie pendant un mois et demi. Une information confirmée par Nancy Fisher, qui a recueilli divers témoignages sur la toxicomanie de Beverly Dollarhide pendant son enquête, et par Charlie Parker, le détective privé engagé par l'émission *Hard Copy*, qui a poursuivi ses investigations après l'arrestation de Bourdin. Cependant, c'est une toute autre image de Beverly Dollarhide que donne le reportage d'*Envoyé spécial* diffusé en 1999. La voix rauque, ses yeux gris embués de larmes, elle y apparaît comme une femme brisée, qui ne comprend pas pourquoi, après avoir perdu un fils, le destin s'acharne encore sur elle en lui envoyant un imposteur. Pourtant, elle ne condamne pas Bourdin. Elle se montre au contraire compréhensive, presque maternelle. « J'ai pitié de lui. Il est trop jeune, dit-elle. Il a dû lui arriver quelque chose de vraiment terrible dans son enfance. Je ne comprends pas pourquoi il a été si dur avec nous à la fin, quand il a su qu'il allait être arrêté », ajoute-t-elle. A la même époque, Connie Chung, la journaliste vedette d'ABC, pose à Beverly Dollarhide la question que tout le monde meurt d'envie de lui poser : comment a-t-elle pu se laisser abuser par un étranger ? Comment a-t-elle pu croire qu'il était son fils, ce fils qui a vécu avec elle jusqu'à l'âge de treize ans ? « Je voulais tellement que ce soit vrai que je l'ai cru », répond-elle. Qui pourrait le lui reprocher ? Puis elle explique : « Il savait trop de choses sur Nicholas, il connaissait même le nom de ses copains. » Beverly Dollarhide raconte aussi que Frédéric regardait la télévision à genoux sur le sol, jamais assis, comme son fils. La couleur de ses yeux avait changé mais il avait les dents du bonheur, comme Nicholas. Personne n'ose alors se faire l'écho des soupçons qui pèsent sur Beverly Dollarhide. Elle est la victime. C'est trop délicat.

Pourtant, ces soupçons sont connus de tous les familiers de l'enquête. Nancy Fisher rapporte que des voisins de Beverly Dollarhide ont déclaré qu'elle était ivre à en tituber le soir où elle est sortie coller des affichettes avec la photo de Nicholas dans les magasins et les cabines de téléphone du quartier. L'agent du F.B.I. se souvient également que lors de sa première rencontre Beverly Dollarhide, elle s'est heurtée à une femme hostile et aggressive. « Elle n'avait que des reproches et des accusations à la bouche. Elle ne se comportait absolument pas comme une mère qui souffre, explique Nancy Fisher. J'ai pensé : soit elle est folle, soit elle ment. » L'enquêtrice du F.B.I. se heurte une nouvelle fois à la mère de Nicholas Barclay lorsqu'elle tente d'obtenir des prélèvements sanguins pour comparer son ADN à celui de Frédéric Bourdin. « C'est mon fils. Comment osez-vous nous faire ça ? », lui répond Beverly Dollarhide. « D'ailleurs, j'ai conseillé à Nicholas de s'enfuir et de ne pas collaborer avec le F.B.I. », ajoute-t-elle. Nancy Fisher est également en relation avec les grands-parents paternels de Nicholas Barclay qui vivent en Californie. Le père de Nicholas, un chauffeur-routier qui a eu une brève liaison avec Beverly Dollarhide, était sorti depuis longtemps de la vie de son fils mais les grands-parents ont toujours maintenu le lien et accueillaient régulièrement leur petit-fils chez eux en Californie. A la télévision, ils n'ont pas reconnu Nicholas sous les traits de Bourdin. Ils se posent des questions, ils aimeraient revoir leur petit-fils et se plaignent que Beverly Dollarhide fasse la sourde oreille à leurs demandes répétées. Fin janvier 1998, c'est contrainte et forcée que la mère de Nicholas Barclay partage son petit deux pièces de Bentwood Place avec Frédéric Bourdin. L'ambiance est étrange, chargée de tension. « Elle était persuadée que j'étais l'envoyé de Dieu venu pour la punir », raconte-t-il. « Elle voulait que je dégage de chez elle, ajoute Bourdin. Elle me demandait sans cesse pourquoi je ne profitais pas de la situation pour m'enfuir et refaire ma vie ailleurs ». La question n'est pas fortuite car la pression du F.B.I. ne se relâche pas. Nancy Fisher a obtenu une injonction du juge contraignant Beverly Dollarhide à donner un échantillon de son sang. Bourdin sait qu'il va être démasqué : ce n'est plus qu'une question de temps. Pourtant, il reste chez Beverly Dollarhide et continue de poser des questions sur Nicholas. « J'étais trop curieux de connaître la suite », explique-t-il. Dans les derniers jours du mois de février, le résultat de l'analyse A.D.N. confirme sans doute possible que Frédéric Bourdin n'est pas le fils de Beverly Dollarhide. Reste à découvrir sa véritable identité. Nancy Fisher fait relever les empreintes digitales de l'imposteur le 24 février, et les envoie pour identification en Espagne. La réponse vient d'Interpol, via le Département d'Etat, qui transmet au F.B.I. la fiche de renseignements complète de Frédéric Bourdin. Dans un document rédigé par le Département d'Etat américain à partir des informations transmises par Interpol, le Français est décrit comme un « jeune homme extrêmement intelligent qui s'est fait passer à de nombreuses reprises pour un mineur victime d'abus sexuels en situation de danger (...) afin de susciter la sympathie et de manipuler les autorités ». C'est suffisant pour obtenir du juge un mandat d'arrêt et mettre un terme à cette incroyable imposture. Lorsque le F.B.I. vient lui passer les menottes dans l'appartement de Beverly Dollarhide, Frédéric Bourdin n'oppose aucune résistance. Mais la réaction de la mère de Nicholas Barclay laisse Nancy Fisher, une nouvelle fois, bouche bée. « Je vous attendais. Qu'est-ce qui vous a pris aussi longtemps ?», lance-t-elle à l'agent du F.B.I

8

Le piège se referme

Ainsi débute l'article du *San Antonio Express News*, qui rapporte, dans son édition du 7 mars 1998, l'arrestation de Frédéric Bourdin : « Un homme qui affirmait avoir été enlevé à San Antonio par des militaires et s'être réveillé en Europe victime d'un réseau de prostitution enfantine est accusé d'avoir menti au F.B.I. ». Le principal quotidien de la ville précise que le Français est passible d'une peine de 15 ans de prison pour avoir fait une déposition mensongère aux enquêteurs fédéraux, signée de sa main, en prétendant avoir été la victime d'un kidnapping. Une peine évidemment théorique, à ce stade de la procédure, pour ce qui est considéré comme un crime fédéral. Et ce n'est pas tout. Lors d'une conférence de presse convoquée pour la circonstance, le F.B.I. de San Antonio annonce que Bourdin sera également poursuivi pour s'être procuré un passeport américain par des moyens frauduleux. Au total, il est mis en examen pour six délits différents et risque une peine théorique de 45 ans de prison, qui sera ramenée à 25 ans après qu'il aura accepté de plaider coupable. Le 16 mars, un juge confirme la mise en accusation de Frédéric Bourdin, après avoir entendu les témoins produits par l'accusation, dont Carey Gibson. A l'audience, la sœur de Nicholas Barclay déclare qu'elle a été physiquement malade pendant une semaine lorsqu'elle a appris de quelle manière le Français avait trompé sa famille. Selon un reporter du *San Antonio Express News,* Frédéric Bourdin se tourne à plusieurs reprises vers Carey Gibson pendant l'audience pour lui adresser de grands sourires. Quatre jours plus tard, le 20 mars, Frédéric Bourdin est une nouvelle fois présenté devant le juge John Primomo, qui rejette sa demande de remise en liberté sous caution et ordonne son maintien en détention jusqu'au jugement. S'appuyant sur les informations transmises par Interpol, le procureur fédéral *(assistant US Attorney)* Jack Stick n'a aucune peine à convaincre le juge qu'une remise en liberté de Bourdin présente un « sérieux risque de fuite ». Après avoir égréné la liste des pseudonymes utilisés par Bourdin en Europe, le procureur déclare : « Il a prouvé par le passé qu'il était un maître dans l'art des fausses identités. Il n'a aucune raison de rester aux Etats-Unis, les seules personnes qu'il connaît ici sont les gens qu'il a tenté de tromper. »

Après l'audience, Frédéric Bourdin est reconduit à la prison de Floresville, dans le comté de Wilson, à trente kilomètres au Sud de San Antonio. Pour des raisons de sécurité, Frédéric Bourdin y a été placé seul dans une cellule jusqu'à son jugement. Et c'est dans cette cellule S5 aux murs jaunes et verts, entre une douche, un lavabo et un WC en inox, une tablette, un tabouret et sa couchette vissés au sol que Frédéric Bourdin va passer neuf mois à attendre son jugement. Pour tromper son ennui, Bourdin téléphone pendant des heures d'un poste fixé au mur de sa cellule. Il appelle en PCV. Des journalistes. Des ambassades étrangères pour leur signaler la détention « illégale » d'un de leurs ressortissants mineurs (lui, évidemment). Il tente également de joindre à plusieurs reprises Nancy Fisher, qui refuse de le prendre et fait intervenir le procureur pour qu'il cesse de l'appeler. Il appelle, toujours en PCV, des centres d'information sur les enfants disparus. Il prétend disposer d'indications sur des mineurs recherchés. Est-ce pour conjurer son angoisse qu'il retombe ainsi dans ses travers ? « Je n'avais plus les idées claires », dit-il. Mais, ce faisant, il aggrave sérieusement son cas aux yeux de la justice américaine, qui en conclura que Bourdin n'éprouve absolument aucun remord. D'autant que quelques jours avant son arrestation, il s'est livré, devant les caméras de télévision de la chaîne locale K-SAT, à une sinistre comédie, après avoir été mis en contact avec les producteurs d'une émission de télévision aux Pays-Bas. Par le biais de cette version hollandaise de *Perdu de vue*, Bourdin laisse croire à la famille d'un adolescent allemand disparu qu'il a rencontré ce garçon de 15 ans en captivité et qu'il sait où il se trouve. En dépit des mises en garde de la police, qui l'avertit qu'elle a affaire à un mythomane, la mère du jeune Till Kratzsch prend l'avion pour San Antonio, accompagnée des producteurs de l'émission. La scène de sa rencontre avec Frédéric Bourdin, filmée par la télévision, vaut tous les réquisitoires. La mère de famille allemande, qui vient de comprendre qu'elle est victime d'un menteur pathologique, pleure silencieusement. A côté d'elle, Bourdin affiche un sourire gêné. Lorsque Bourdin est finalement privé de l'usage du téléphone sur intervention du procureur Jack Stick, l'accusation comptabilisera qu'il a passé, pendant cette période de quelques mois, plus de mille appels en PCV depuis sa cellule. « Frédéric Bourdin aurait pu s'en tirer avec un an de prison, s'il ne s'était pas conduit comme un vrai con *(asshole)* », estime Jack Stick, six ans après. Jack Carter, son ancien défenseur, en convient sans peine : Bourdin s'est comporté de manière « exaspérante » pendant toute cette période.

Il semble, en effet, que Frédéric Bourdin n'a pas réellement pris conscience de la gravité de sa situation. En France, il s'en est toujours tiré avec de faibles peines, parfois assorties de sursis. En plaidant coupable sur les conseils de son défenseur, qui a passé un accord avec le procureur pour éviter un procès en bonne et due forme, Bourdin peut s'attendre, cette fois, à une peine de un à deux ans de prison. Mais plutôt que de faire acte de contrition et de garder un profil bas, il multiplie les provocations. D'abord, il déclare qu'il a réellement connu Nicholas Barclay en Espagne et que ce dernier fera sa réapparition lors de son procès. Puis il se ravise et reconnaît qu'il n'a jamais rencontré Nicholas Barclay. Devant la caméra d'ABC, il déclare, avec un air de défi : « Je suis comme ça. L'un des meilleurs menteurs que vous ne pourrez jamais rencontrer. Ils peuvent me garder ici pendant 10 ou 15 ans, ça ne me fera pas changer. » Frédéric Bourdin fait également preuve d'une désinvolture suicidaire face à la justice américaine. Courant septembre, il fait sortir le juge de ses gonds en changeant brusquement d'avis en pleine audience. Bourdin refuse soudain de plaider coupable. Il n'a pas apprécié que le procureur Jack Stick le qualifie, dans une émission de télévision, de « bactérie humaine » *(flesh eating bacteria)*. Rouge de colère, le juge suspend les débats. Son avocat, Jack Carter, totalement pris au dépourvu, s'isole avec Bourdin pour tenter de le convaincre de revenir sur sa décision. Par un caprice aussi infantile qu'insensé, Bourdin exige des excuses, en privé, du procureur pour l'expression « bactérie humaine » et les obtient. A la reprise de l'audience, Bourdin déclare avec un sourire satisfait qu'il a de nouveau changé d'avis et qu'il plaidera coupable. Son défenseur tente péniblement de limiter les dégâts en expliquant que l'exposé du procureur contenait « des éléments avec lequel [son] client était en désaccord ». « Frédéric n'avait pas l'air de comprendre que, dans ce pays, on ne plaisante pas avec les juges », commente Nancy Fisher. Quant au procureur Jack Stick, il considère que Bourdin lui a assez fait perdre son temps. Aujourd'hui retiré de la vie judiciaire et élu républicain au Sénat du Texas, Jack Stick ne cache pas sa profonde aversion pour Frédéric Bourdin. « Je ne l'aimais pas car, au-delà de son crime, il n'a jamais cessé de me pourrir la vie, dit-il. Je n'ai eu aucun remord à demander une peine exemplaire contre lui. »

C'est dans ce contexte déjà chargé que, quelques jours avant la date de son jugement, Bourdin appelle le numéro d'urgence de la brigade criminelle du San Antonio Police Department (S.A.P.D.). Il déclare que Nicholas Barclay est mort et prétend détenir des informations. « Les autorités ont mis l'imposteur français Frédéric Bourdin derrière les barreaux mais ils n'ont pas pu l'empêcher de parler », ironise le *San Antonio Express News*. Un porte-parole du S.A.P.D. explique à la presse que Bourdin n'est pas considéré, *a priori*, comme un témoin crédible mais qu'il est du devoir de la police de vérifier les informations qu'il prétend détenir. Deux enquêteurs de la brigade criminelle se rendent donc à la prison de Floresville pour entendre le Français. « Compte tenu de la réputation de Bourdin, j'ai presque été surpris lorsque l'un de ces détectives m'a dit qu'ils ne pouvaient écarter aucune piste », reconnaît son ancien avocat, Jack Carter. L'un des deux enquêteurs du S.A.P.D., le détective Robert Moffitt, confirme avoir recueilli les confidences de Frédéric Bourdin et avoir exploré « certaines pistes » que ce dernier leur a fournies. Des pistes qui n'ont débouché sur aucun résultat. Robert Moffitt refuse d'en dire plus car le dossier Nicholas Barclay, explique-t-il, n'est toujours pas officiellement classé, dix ans après la disparition de l'adolescent. L'ancien procureur Jack Stick est pour sa part convaincu que Bourdin ne savait rien qui aurait pu éclairer l'enquête du S.A.P.D. et qu'il a fait perdre son temps à la police, une fois de plus. « C'est un menteur pathologique, estime le jeune élu républicain de 38 ans. Il cherchait seulement à brouiller les pistes. » Jack Stick en veut pour preuve le fait que Frédéric Bourdin avait la possibilité, en collaborant avec la justice, d'obtenir une réduction de peine. L'ancien procureur affirme qu'il n'aurait pas hésité à conclure un « deal » avec le Français en échange d'informations pouvant aider à élucider la disparition de Nicholas Barclay. « Il avait une chance de s'en sortir avec une peine minime. J'aurais même recommandé qu'il puisse l'effectuer en France : pourquoi ne l'a-t-il pas saisie ? », demande-t-il. Frédéric Bourdin répond qu'il n'était pas intéressé et que s'il a appelé le S.A.P.D., ce n'était pas pour négocier une réduction de peine. Dans une lettre écrite de prison, en mai 2004, il tient encore des propos ambigus au sujet de Beverly Dollarhide. « Je l'aimais bien, elle était toujours très gentille avec moi », dit-il. Bourdin explique qu'il est resté volontairement vague dans ses déclarations aux détectives du S.A.P.D.. Il laisse entendre qu'il n'était pas encore prêt à dire ce qu'il savait. « Je voulais protéger Beverly, Carey et ses enfants, mais j'étais confus et écœuré pour Nicholas. Je souhaite que justice soit faite mais c'est impossible… », écrit-il dans la même lettre.

Que sait-il vraiment sur les circonstances de la disparition de Nicholas Barclay ou, pour rester prudent, que prétend-il savoir ? « Beverly et Jason Dollarhide ont assassiné Nicholas. Beverly me l'a avoué peu de temps avant mon arrestation », écrit-il dans sa lettre. Frédéric Bourdin affirme que, le soir de ses aveux, Beverly Dollarhide était ivre. Selon lui, Nicholas aurait exercé une forme de chantage sur sa mère et sur son frère Jason : il menaçait de les dénoncer à la police pour consommation de drogue si sa mère ne s'opposait pas à son placement en foyer. Un chantage auquel sa mère et son frère auraient répondu par des coups. Le 13 juin, jour de sa disparition, Nicholas se serait enfui de chez sa mère dans la matinée pour se réfugier chez une amie de Beverly Dollarhide. Cette femme, dont Bourdin ne se rappelle pas le nom, lui aurait confié que Nicholas portait des traces de coups. Elle lui aurait également raconté qu'elle a suivi l'adolescent lorsqu'il est reparti de chez elle. Nicholas s'est alors rendu à une cabine téléphonique pour y passer un appel. Quelques instants plus tard, une voiture s'est arrêtée à côté de la cabine. Jason Dollarhide était au volant. Nicholas est monté à côté de son frère et on ne l'a plus jamais revu. Quant à l'amie de Beverly Dollarhide, elle était selon Bourdin « trop effrayée pour témoigner ». Une version des événements que l'ancien procureur Jack Stick écarte d'un revers de la main. « Où sont les témoins ? Comme toujours, avec Frédéric Bourdin, c'est une histoire invérifiable », lâche-t-il. Frédéric Bourdin n'est cependant pas le seul à affirmer que Beverly Dollarhide a menti à la police. L'ex-agent du F.B.I., Nancy Fisher, en est également convaincue et cette conviction est fondée, non seulement sur le comportement de la mère de l'adolescent disparu, mais également sur le verdict du détecteur de mensonge.

Après l'arrestation de Bourdin, Nancy Fisher poursuit ses investigations et soumet Beverly Dollarhide au détecteur de mensonge. Au premier test, la mère de Nicholas Barclay s'en tire avec un sans faute. Lorsqu'elle répond ignorer ce qui est arrivé à son fils, l'aiguille n'esquisse pas le moindre écart. Au deuxième essai, idem. Après s'être fait confirmer le résultat des deux tests par un expert au siège du F.B.I., à Quantico, Nancy Fisher est sur le point d'abandonner. Elle décide néanmoins de procéder à un troisième test pour lever ses derniers doutes. « Et là, elle s'est plantée dans les grandes largeurs. La machine a explosé ! », raconte Nancy Fisher. Les nerfs de Beverly Dollarhide lâchent, elle pleure de rage. Pour l'agent du F.B.I., elle se comporte alors comme une personne coupable. « Tout ça, c'est bien du Nicholas. Il a fait de ma vie un enfer ! », lance Beverly Dollarhide en quittant la pièce. Quelques heures plus tard, Nancy Fisher reçoit un appel d'une femme qui fréquente le même bar que Beverly Dollarhide. Cette informatrice déclare à l'agent du F.B.I. que la mère de Nicholas Barclay avait pris de l'héroïne avant de se soumettre à l'épreuve du détecteur de mensonge, ce qui expliquerait comment elle a réussi à rester parfaitement calme et détachée lors des deux premiers tests, avant que les effets apaisants de la drogue ne s'estompent. Jack Stick reconnaît qu'il n'a pas été surpris d'apprendre que Beverly Dollarhide avait été trahie par le détecteur de mensonge. « Il n'était pas nécessaire d'être prix Nobel de physique pour comprendre qu'elle avait un comportement anormal », dit-il. Mais l'ancien procureur ajoute que ce test n'a pas valeur de preuve devant un tribunal et que, en conséquence, le résultat était sans incidence sur la suite des événements. Une opinion que ne partage pas tout à fait Jack Carter, l'ex-défenseur de Bourdin. L'avocat affirme qu'il n'a jamais été informé du résultat de ce test, qui aurait pu être utile à la défense de Bourdin. La défaillance de Beverly Dollarhide est restée un secret bien gardé. Rien n'a transpiré. La mère de Nicholas Barclay peut donc continuer à jouer son rôle jusqu'au bout. Et elle brouille les pistes. Six semaines avant la condamnation de Frédéric Bourdin, elle confie à ABC son sentiment que ce dernier sait « peut-être des choses que la police ignore ». « Il sait où est mon fils ou bien il sait ce qui lui est arrivé, dit-elle. Il ne prendrait pas l'identité d'un enfant qui pourrait rentrer à la maison. Pourquoi prendrait-il ce risque ? »

Autre personnage central de l'histoire mais resté tout le temps dans l'ombre, Jason Dollarhide suscite beaucoup d'interrogations. Toxicomane et réputé violent, Frédéric

Bourdin se souvient avoir été impressionné par son intelligence « effrayante ». « Ce fut bref, intéressant et bizarre », dit-il de leur rencontre. Bourdin raconte que Beverly Dollarhide a chassé son fils Jason de chez elle quelques jours après la disparition de Nicholas. « Il avait fait une crise de nerfs et tout cassé dans l'appartement », dit-il. De fait, lorsque Frédéric Bourdin débarque aux Etats-Unis, en octobre 1997, dans la peau de son frère disparu, Jason Dollarhide, trentenaire depuis peu, suit depuis trois ans une cure de désintoxication. Il travaille également comme jardinier. Cependant, il ne manifeste aucune curiosité au retour de Nicholas/Frédéric. Il n'est pas là pour l'accueillir à son arrivée. Il l'évite, au contraire. « Jason a attendu six semaines avant de rencontrer Frédéric », confirme Nancy Fisher. « Quand je lui posais une question, il me répondait : « Tu es mon frère, tu sais comment je suis », explique Bourdin. Il jouait avec moi. Je crois qu'il pensait que je travaillais pour les autorités et que j'essayais de lui tendre un piège. » L'ancien agent du F.B.I. se souvient avoir interrogé Jason Dollarhide avant que Bourdin soit identifié. « Il donnait l'impression de se désintéresser totalement de la situation, explique-t-elle. Son attitude était franchement suspecte. » Le détective privé Charlie Parker va plus loin. Lors d'une conversation téléphonique, il dit être convaincu que Jason Dollarhide a tué Nicholas (qui était en réalité son demi-frère : Jason est né du même père que Carey Gibson). Cependant, Jason Dollarhide n'a plus rien à craindre de la justice. En 1999, un an après l'arrestation de Frédéric Bourdin, il a quitté son centre de désintoxication. Quelques heures plus tard, on l'a retrouvé sans vie dans une chambre de motel. L'enquête a conclu à une overdose mortelle d'héroïne. Pour Nancy Fisher et Charlie Parker, sa disparition brutale avait toutes les caractéristiques d'un suicide.

Quoi qu'il ait dit aux enquêteurs du S.A.P.D. et quelle que soit la valeur des informations qu'il prétendait détenir, ces révélations de dernière minute n'ont pas arrangé les affaires de Frédéric Bourdin. Au contraire, cet épisode, perçu comme une nouvelle preuve de la perversité du Français, a encore contribué à durcir la position de l'accusation. L'ancien procureur Jack Stick ne cache pas qu'il a mis un point d'honneur à obtenir la plus lourde peine possible contre Frédéric Bourdin. « Je ne pouvais pas le sentir », dit l'ancien magistrat qui, en dix années de carrière comme procureur fédéral, a obtenu une dizaine de condamnations à mort. Lors de l'audience du 17 décembre 1998, au terme de laquelle le juge Orlando Garcia, doit prononcer la peine retenue à l'encontre de Frédéric Bourdin, Jack Stick enfonce le clou. « Monsieur le juge, en huit années de pratique comme procureur, je n'ai jamais été confronté à un crime aussi moralement répugnant que celui commis par M. Bourdin », déclare le procureur. Le défenseur de Bourdin, Jack Carter, qui lui succède, souligne que son client a davantage besoin d'une thérapie que d'une incarcération prolongée. Quand vient son tour de prendre la parole, Frédéric Bourdin se tourne vers Carey Gibson, son mari Bryan, et Beverly Dollarhide pour s'excuser. D'une voix tremblante, il conclut en se décrivant comme la victime de ses propres mensonges. Enfin, avant de rendre son verdict, le juge donne la parole à Carey Gibson. La sœur de Nicholas Barclay se lève et décrit, en sanglotant, le mal que Bourdin a fait à sa famille.

« Mon fils de 14 ans est venu me supplier de lui acheter un pistolet car il était persuadé que les gens qui avaient kidnappé son oncle allaient venir nous tuer », témoigne-t-elle. Quelques instants plus tard, le juge Orlando Garcia prononce une peine de 71 mois d'emprisonnement contre Frédéric Bourdin. Une peine trois fois plus sévère que la jurisprudence en vigueur, souligne le lendemain le *San Antonio Express News*. Le quotidien juge « évident que Bourdin a été condamné pour quelque chose de plus grave que d'avoir menti au gouverment ». A l'énoncé de la peine, Frédéric Bourdin baisse la tête et des larmes coulent sur son visage. Son avocat, aussi blanc que sa chemise, va pour protester mais le juge lui coupe sèchement la parole. Qualifiant les faits reprochés à Bourdin de « crimes haineux », le juge Orlando Garcia déclare que la peine prononcée est à la mesure de la souffrance infligée à la famille de Nicholas Barclay. « Il est vrai qu'il n'a pas appuyé sur une gâchette mais il a ouvert un trou béant en ravivant un souvenir qui n'avait pas besoin de l'être », dit-il. Avec le recul, l'ancien défenseur de Frédéric Bourdin estime que ce jugement, prononcé dans une affaire très médiatique, n'était pas dénué d'arrière-pensées politiques. Au Texas plus encore qu'ailleurs, la sévérité est souvent synonyme de popularité.

Dans le récit de sa vie, tel que Frédéric Bourdin l'a restitué en prison, les événements survenus au cours de ces quatorze mois, d'octobre 1997 (date de son entrée aux Etats-Unis) à décembre 1998 (date de sa condamnation) sont résumés en quelques lignes :

Octobre 1997 à mars 1998

SPRING BRANCH, TEXAS, *j'ai habité avec la soeur de l'ado mort et son mari, son neveu et sa nièce, sous son identité.*

SAN ANTONIO, TEXAS, *j'ai été placé dans deux différents services psychiatriques pour mineurs sous la même identité pendant environ un mois.*

SPRING BRANCH, TEXAS, *je suis retourné habiter avec la famille quelque temps et je suis parti.*

NEW BRAUNFELS, TEXAS, *j'ai passé la nuit à l'hôpital sous le nom de « John Doe », la mère de l'ado mort est venue me chercher le matin.*

SAN ANTONIO, TEXAS, *j'ai habité avec la mère de l'ado mort pendant un mois et demi. Ensuite, le F.B.I. m'a arrêté et envoyé en prison via le tribunal fédéral.*

Mars 1998 à décembre 1998

FLORESVILLE, TEXAS, *je me suis identifié et je suis resté incarcéré à la prison du comté pendant neuf mois et demi, j'ai ensuite été condamné à 71 mois de prison, trois ans de mise à l'épreuve et 10 300 dollars d'amende, j'ai ensuite été transféré dans un centre de détention fédéral…*

Le lendemain de sa condamnation, Frédéric Bourdin quitte la cellule S5 de la prison de Floresville, où il vient de passer les neuf derniers mois. Durant cette période, il est devenu une sorte de vedette au sein de la prison en raison du cirque médiatique, inhabituel dans le tranquille comté de Wilson, qui a accompagné son procès. Les autres détenus, en majorité mexicains, lui ont donné un surnom, « Francia », qui va l'accompagner pendant les six ans à venir. Bourdin est d'abord transféré à la prison de San Antonio, où il reste deux semaines, puis transporté au centre de transfert fédéral d'Oklahoma City. Dix jours plus tard, il est finalement transféré à la centrale (Federal Correctional Center, F.C.I.) de Big Spring, au Texas, pour y purger sa peine. Dans le car aux vitres grillagées qui roule à travers la plaine texane, Bourdin, les poignets et les chevilles entravés, regarde défiler le paysage en silence. Personne ne prononce un mot parmi la quarantaine de condamnés en combinaison orange, enchaînés deux par deux, en route vers Big Spring. C'est la règle. C'est aussi un réflexe de survie. A l'entrée du long tunnel qui l'attend, chacun se replie sur soi. A quoi pense Frédéric Bourdin ? « Je me demandais auquel de tous les films de prison que j'avais vus ça allait ressembler », dit Bourdin.

Personne, aujourd'hui, parmi les principaux acteurs et témoins de cette affaire, ne doute que Beverly Dollarhide a menti à la justice américaine. Tout tend également à démontrer que sa fille Carey Gibson n'a jamais été dupe de l'imposture de Frédéric Bourdin, même si ses motivations demeurent obscures. Peut-être se sentait-elle coupable de ne pas avoir su protéger son jeune frère et a-t-elle vu avec l'apparition de Frédéric Bourdin l'occasion d'apaiser sa conscience en tendant la main à un jeune garçon en difficulté. Ce n'est qu'une hypothèse mais, quoi qu'en dise l'ancien procureur Jack Stick, qui estime que Carey Gibson n'avait aucun intérêt à prendre le risque de relancer une enquête qui était au point mort avant l'apparition du Français, il est inconcevable que la mère et la fille aient pu avoir des opinions contraires sur l'identité de Bourdin et vivre avec une telle incertitude pendant quatre mois. C'est une hypothèse absurde. Pourquoi les deux femmes ont-elles menti ? Que cherchaient-elles à cacher ? Ce sont des questions que la justice du Texas ne s'est jamais posées. Saura-t-on, un jour, la vérité sur ce qui est arrivé au jeune Nicholas Barclay ? Probablement pas, quoi qu'en dise la police de San Antonio, qui entretient la fiction d'une enquête toujours ouverte. Les deux seules personnes qui peuvent répondre à toutes ces questions ont intérêt à garder le silence et c'est ce qu'elles font. Après la condamnation de Bourdin et le décès de son fils Jason, un an plus tard, Beverly Dollarhide a continué de vivre pendant un temps dans l'appartement E3 de Bentwood Place. Elle a trouvé un nouveau travail de nuit au River City Donut & Coffee House, une enseigne anonyme ouverte 24 heures sur 24 sur Nacogdoches Road, une grosse artère qui court à la sortie de la ville, non loin de l'aéroport. Elle y est restée jusqu'en juillet 2002, date à laquelle elle a été hospitalisée pendant plusieurs mois. A sa sortie de l'hôpital, elle a quitté son travail au River City Donut & Coffee House et n'a plus jamais donné de nouvelles à son ancien employeur. Pendant son hospitalisation, c'est sa sœur Shirley qui a occupé l'appartement de Bentwood Place, s'attirant l'hostilité des autres résidents en raison des fêtes nocturnes qu'elle organisait avec une bande d'amis portés sur l'alcool et le cannabis. Beverly Dollarhide n'y est jamais revenue. A l'expiration de son bail, en octobre 2002, elle a déménagé sans laisser d'adresse. Selon certains, elle serait partie vivre avec sa fille Carey Gibson, quelque part du côté de Wimberley, une petite ville touristique du Hills Country, à 80 km au Nord de San Antonio. Selon d'autres, elle serait partie s'installer beaucoup plus loin au Nord, près de Salt Lake City, dans l'Utah, d'où sa famille est originaire.

9

71 mois

Dans l'imaginaire collectif, l'univers carcéral américain s'apparente à une version moderne de l'enfer. C'est l'effet produit par les innombrables films et documentaires consacrés à ce monde clos terrifiant, avec ses gangs, sa violence extrême et ses agressions sexuelles. Un film américain récent, *Animal Factory (2000)*, adapté du roman d'un ancien taulard, Edward Bunker, décrit ainsi une impitoyable jungle où un regard lancé à la mauvaise personne peut coûter la vie et où règne la loi primitive des gangs ethniques : noirs, latinos ou blancs « aryens ». Dans un autre film récent, *24 heures avant la nuit (2002)*, réalisé par Spike Lee, le personnage principal, un dealer interprété par l'acteur Edward Norton, se fait volontairement défigurer à coups-de-poing avant d'aller en prison, tant il est terrifié à l'idée que sa belle gueule va faire de lui une proie toute désignée pour les « pointeurs ». Ces histoires ne sont pas uniquement le fruit de l'imagination des scénaristes américains : elles sont le reflet d'un univers où les règles qui régissent la vie en société n'ont pas cours, un univers où il n'existe qu'une loi : survivre. Et c'est avec cette seule idée en tête – survivre – que Frédéric Bourdin débarque, en février 1999, dans sa combinaison orange de détenu à la prison fédérale (Federal Correctional Institution, F.C.I.) de Big Spring, à 470 km au Nord-Ouest de San Antonio, près de la frontière de l'Etat du Nouveau-Mexique. Pour rester en vie, il y a certaines règles à observer. La première est de rester silencieux. « C'est une stratégie très commune chez les détenus : on ne parle que lorsque c'est absolument nécessaire, témoigne Bourdin. La plus grande erreur qu'on puisse commettre, c'est de se révéler aux autres. Il faut les laisser essayer de deviner qui vous êtes. » La deuxième règle est d'ouvrir les yeux et d'être attentif au moindre détail. « Les prisons fédérales sont des endroits remplis de bêtes sauvages qui ne cherchent qu'un prétexte pour assouvir leur soif de violence et vous planter un bout de métal dans le corps, dit-il. Il faut faire très attention à la façon dont vous regardez les gens. A la façon dont vous évitez leur regard. Au réfectoire, il vaut mieux éviter de bousculer la table en s'asseyant. » La troisième règle est de rejoindre un gang et de ne jamais en changer.

A Big Spring, ce sont les gangs mexicains qui font la loi. Si la population du Texas est à 20% hispanophone, la proportion d'*hispanics*, essentiellement mexicains, dans les prisons de l'Etat dépasse largement les 50%, alors qu'au niveau de l'ensemble des Etats-Unis, elle est de 32%. A Big Spring, selon Frédéric Bourdin, elle frôle les 90%. Cela tient en partie au fait que le Sud du Texas, en raison de sa longue frontière avec le Mexique, est au cœur des opérations des cartels de la drogue mexicains. Des cartels dont les membres détenus dans les prisons américaines perpétuent la hiérarchie et le fonctionnement au sein des gangs. Il ne faut que quelques minutes à l'un de ces gangs pour recruter Frédéric Bourdin à son arrivée à Big Spring, une prison fédérale dont le niveau de sécurité est classé comme « bas ». Le Français s'est à peine installé dans le *compound*, la partie ouverte de la prison, où les détenus peuvent se déplacer librement entre les dortoirs, la salle de gym, la salle de jeux, les salles de cours, le réfectoire et les terrains de basket, qu'il comprend qu'il était attendu. « J'étais en train de faire mon lit quand un Mexicain s'est approché pour m'aider, raconte Bourdin. Quelques minutes plus tard, il m'avait déjà présenté à tous les autres membres de son gang, dont certains m'avaient vu à la télé dans le reportage d'ABC. » Les Border Brothers (les frères de la frontière), aussi connus sous le nom de gang de Paisa (compatriote) ou BB Paisa, ont été informés de l'arrivée de « Francia » par un détenu de Floresville. Sa réputation de *brainwasher* – littéralement « laveur de cerveau », autrement dit expert en manipulation psychologique – l'a précédé et les BB Paisa pensent pouvoir utiliser ses talents dans la guerre permanente qu'ils livrent aux autres gangs. Bourdin participe donc aux réunions des BB Paisa en qualité d'« analyste ». Son rôle : diffuser des fausses informations et semer la confusion chez l'adversaire. Frédéric Bourdin est également employé au ramassage des détritus sur le *compound*, puis au secrétariat, à classer des formulaires administratifs. Bourdin travaille cinq à six heures par jour pour un salaire de 5,45 dollars (environ 5 euros) par mois. « En six ans, le meilleur salaire que j'ai touché, c'est 45 dollars par mois. La moyenne, c'est entre 10 et 15 dollars par mois », explique-t-il. Au cours de ses deux premiers mois à Big Spring, Bourdin se tient à l'écart des émeutes qui éclatent chaque semaine à la suite d'une bagarre ou d'un règlement de compte. Il est témoin d'un meurtre et comprend le sens de l'expression *hard time*, un euphémisme employé dans le langage des prisons américaines pour décrire la situation d'un détenu dont les jours sont comptés. Explication : lorsqu'un détenu a été indentifié comme criminel sexuel, comme indicateur ou bien s'il a commis l'erreur de trahir son gang ou encore s'il y a un contrat sur sa tête, il devient une cible. Un condamné à mort en sursis. « Le vide se fait autour de lui. Tous les autres détenus l'évitent. On peut voir la peur dans ses yeux et sa peau changer de couleur. Quand son heure est venue, c'est comme si tout se figeait. On n'entend plus un bruit. Et, en un instant, c'est fini… », raconte Bourdin, qui, en six années de détention, dit avoir été témoin de cinq meurtres.

Deux mois après son arrivée à Big Spring, changement de décor. Frédéric Bourdin est placé en détention administrative et envoyé au trou. Une décision arbitraire qui n'était justifiée par aucun incident précis, affirme-t-il. « On m'a seulement informé que mon statut avait changé. Lorsque j'ai demandé pourquoi, on m'a répondu qu'une enquête était en cours. » Selon Bourdin, la direction de la prison espérait ainsi le transformer en indicateur. « Ils ont pensé qu'étant donné mon jeune âge (j'avais 24 ans), je serais influençable. Ils espéraient que je moucharderais sur mon gang », dit-il. Bourdin quitte donc la liberté relative du *compound* pour une cellule étroite qu'il n'a le droit de quitter que pour la promenade quotidienne. Après les dortoirs ouverts du *compound*, il se retrouve enfermé 23 heures sur 24 avec un compagnon de cellule. Le premier est un Texan blanc d'une trentaine d'années condamné à perpétuité pour trafic de stupéfiants. Il est barbu, porte les cheveux longs et écrit des poèmes. « Il rêvait de devenir écrivain », dit Bourdin qui partage sa cellule pendant dix jours. Au détenu-poète succède un autre blanc trentenaire, obèse, qui pleure le jour et la nuit. « Il disait avoir été condamné à neuf mois de prison pour fraude fiscale mais ses explications n'étaient pas très convaincantes, se souvient Bourdin. Ce qui est sûr, c'est que c'était quelqu'un de fragile psychologiquement qui avait très peur de se retrouver au milieu des autres détenus sur le *compound* ». Au bout de quelques jours, ce second compagnon est transféré à sa demande dans une autre prison et Bourdin profite d'une confortable solitude pendant deux semaines. Un confort éphémère car sa situation se complique à la suite d'une nouvelle émeute. Le troisième compagnon de cellule qu'on lui attribue est, en effet, l'un des meneurs de l'émeute, un détenu violent qui doit être bientôt transféré dans un autre établissement. Pablo Medina est un Mexicain d'une quarantaine d'années solidement bâti, le crâne rasé, les bras et le dos couverts de tatouages. Condamné pour agression à main armée, c'est un guerrier, un soldat du gang des Aztecas, une organisation rivale de celle à laquelle appartient Bourdin. Leur cohabitation forcée ne dure pas longtemps : Frédéric Bourdin se plaint à la direction de la prison d'avoir été agressé sexuellement par Pablo Medina. Sa plainte déclenche une enquête et Bourdin est entendu par le F.B.I., avant de se rétracter et de revenir sur ses déclarations. Pour l'ancien procureur

Jack Stick, tenu informé de l'incident par le F.B.I., ce n'était qu'un mensonge de plus. Bourdin confirme. « Il ne s'était rien passé mais c'est le seul moyen dont je disposais pour me débarrasser de Medina », dit-il. Bourdin explique qu'il ne pouvait pas partager la cellule d'un membre du gang Azteca. Question de réputation. « Je venais tout juste d'être recruté par les BB Paisa et je ne voulais pas prendre le risque qu'on fasse courir le bruit que j'avais changé de groupe », dit-il. En accusant sans raison cc caïd, il prend néanmoins un gros risque. « Medina avait la haine. Il m'a juré qu'on se retrouverait », ajoute Bourdin, qui a eu la chance de ne plus jamais croiser la route du Mexicain.

« Je suis surprise que Frédéric s'en soit sorti vivant », lâche Nancy Fisher, l'ancien agent du F.B.I., également informée, à l'époque, de l'incident avec Pablo Medina. « Pas moi. Bourdin est un survivant, dit son ancien avocat, Jack Carter. Et il avait la chance de parler espagnol. » Frédéric Bourdin souligne effectivement que sa connaissance de l'espagnol lui a permis de rester en vie. Parfois, la chance s'en est aussi mêlée. Comme à la prison fédérale (F.C.I.) d'El Reno, en Oklahoma, où il a été transféré après Big Spring. En débarquant sur le *compound* d'El Reno, qui est divisé en unités plus réduites que celui de Big Spring, Frédéric Bourdin se retrouve séparé des membres de son gang qui ont été prévenus de son arrivée. Le premier soir, Bourdin réalise que les autres détenus de son unité le regardent de travers. En alerte, il perçoit des mouvements suspects autour de lui et pressent que quelque chose se prépare. Ce n'est pas encore le *hard time* mais ça en prend le chemin. « J'étais comme un con, tout seul devant le micro-ondes, à me demander pour quelle raison ils m'en voulaient et la seule chose que je pouvais faire était d'attendre qu'ils passent à l'action », dit-il. C'est alors qu'un détenu plus âgé quitte son dortoir et s'approche du micro-ondes pour y faire chauffer son café. Miguel Bautista est mexicain, il a une cinquantaine d'années et il est en prison pour quinze ans. Surnommé « Chicali », du nom du village dont il est originaire, c'est un détenu très respecté. « Pourquoi as-tu l'air triste Francia ? », demande-t-il à Bourdin. Le Français lève les yeux vers la coursive en métal du premier étage, d'où plusieurs détenus l'observent. Miguel Bautista suit son regard et lui demande pour quelle raison ces détenus complotent contre lui. Bourdin répond qu'il ne sait pas. Miguel Bautista lui dit de ne pas bouger et va aux renseignements. Quand il revient, il dit à Bourdin : « Ils disent que tu es un violeur d'enfant, c'est vrai ? ». Bourdin dément et explique pour quel crime il a été condamné. « Tu me donnes ta parole ? Ne me mens pas, je préfère le savoir maintenant. De toute façon, il ne se passera rien tant qu'on ne sera pas sûr », dit Miguel Bautista. Le Mexicain, usant de son autorité et du respect qu'il inspire, obtient des autres détenus qu'ils attendent l'arrivée du dossier de condamnation de Frédéric Bourdin pour tirer l'affaire au clair. Lorsque ce dossier parvient à El Reno, Bourdin peut démontrer qu'il n'est pas un violeur d'enfant. Il apprend alors que celui qui a fait circuler la fausse information est un détenu mexicain qu'il a croisé à la prison de Floresville, avant sa condamnation. « Un jeune type d'un gang rival qui croyait faire le malin », dit Bourdin. Selon lui, ce jeune détenu s'en est tiré avec une raclée, avant d'être exclu de son gang. « Mais ç'aurait pu être bien pire pour lui. Certains détenus étaient partisans d'une punition beaucoup plus dure », explique Bourdin.

Le Français ajoute que cet épisode lui a valu le respect des autres détenus d'El Reno, car il a fait face et prouvé sa bonne foi sans essayer de se sauver. Cet épisode lui a également permis de rencontrer le seul ami qu'il se soit fait au cours de sa détention, Miguel Bautista, qu'il a retrouvé, plus tard, dans d'autres prisons. « Sans lui, je serais sans doute mort », dit Bourdin.

Pendant six ans, Frédéric Bourdin, tel un caméléon, s'est glissé dans la peau d'un Mexicain. « Je parlais, je marchais, je mangeais et je pensais comme un Mexicain, dit-il. Pour tout le monde, j'étais un Mexicain ». Cette appartenance à un gang mexicain, il la garde tatouée sur la peau. Sur l'un de ses avant-bras, il porte l'inscription « Puro Paisa », qui signifie qu'il est un « pur membre » de la confrérie des BB Paisa. Il porte également, tatoué sur le même avant-bras le mot « Francia » (France, en espagnol), le surnom qui lui a été donné. Sur l'autre avant-bras, il s'est fait tatouer « caméléon nantais », son nom de guerre personnel, et à côté, l'inscription « 666 ». La marque du diable ? « Non, le 6 représente la sixième lettre de l'alphabet : le F », répond-il. Il faut donc lire, selon lui, « FFF », le sigle de la Fédération française de football. Même s'il est vrai que Frédéric Bourdin est un authentique passionné de ballon rond et que les exploits de l'équipe de France de football, en 1998 et 2000, lui ont procuré quelques rares moments de bonheur et de fierté en détention, le moins qu'on puisse dire est qu'il cultive l'art du double sens. L'art de la provocation, également. Vers la fin de sa détention, à la suite d'un séjour à l'isolement qui l'avait mis en colère, il s'est fait tatouer sur la poitrine une inscription en arabe. « Je suis allé voir un détenu pakistanais et je lui ai demandé de m'écrire le nom d'Oussama Ben Laden en arabe, raconte-t-il. Lorsque je me suis fait faire le tatouage, j'y ai gagné le respect des Mexicains et de tous les détenus étrangers qui haïssent les Etats-Unis ». Ces tatouages, considérés comme des actes de rébellion, au même titre que les gestes d'automutilation qu'il commet à plusieurs reprises en se coupant le visage avec une lame de rasoir, lui ont valu d'être maintes fois sanctionné pendant sa détention. En d'autres occasions, il a également été sanctionné pour possession d'arme dangereuse (une lame de rasoir), refus d'obéissance, organisation de paris clandestins (des listes de résultats de matches de football et de basket avaient été retrouvées dans sa cellule), tentative de corruption sur un membre du personnel de la prison, comportement insolent et refus de répondre à l'appel. Frédéric Bourdin explique qu'en réponse aux décisions arbitraires et aux brimades de l'administration pénitentiaire américaine, il a fait de son mieux pour être un détenu à problèmes. Il considère ainsi comme une victoire personnelle sur l'administration pénitentiaire américaine d'avoir été transféré d'une prison à une autre à dix reprises. « Je voulais leur coûter le maximum d'argent avec chaque nouveau transfert », dit-il. A la prison de Big Spring, pendant sa période de détention administrative, il adresse des recours écrits au directeur pour se plaindre de sa situation. Et, lorsque ses recours restent sans réponse, il se blesse volontairement à la tête en se cognant le front contre un mur. Au bout de cinq mois, il obtient, en juillet 1999, un premier transfert à la prison (Federal Correctional Institution, F.C.I.) d'El Reno, dans l'Oklahoma. « Là, j'ai causé la révolution », dit-il. Sanctionné pour avoir troublé le fonctionnement de l'établissement par son « tapage publicitaire », Bourdin est placé en quartier disciplinaire, en octobre 1999. « En fait, les responsables de la prison n'aimaient pas qui j'étais ni ce que j'avais fait », dit-il. Bourdin reste ainsi plus de deux mois à l'isolement dans la Special Housing Unit (unité spéciale de détention). Dans la nuit du 31 décembre 1999 au 1er janvier 2000, Bourdin déchire son *jump-suit*, sa combinaison de détenu, pour fabriquer une corde. Il accroche la corde à un tuyau qui court au plafond de sa cellule et fait un nœud à l'autre extrémité, qu'il enroule autour de son cou. Il monte debout sur les toilettes, se couvre la tête et le visage avec un sac plastique et attend. Lorsque le gardien, qui effectue sa ronde, découvre la scène, il donne l'alerte et Bourdin est envoyé chez le psychiatre, qui recommande le transfert du détenu dans un hôpital pénitentiaire. « Le psychiatre a vraiment cru que je voulais mourir », dit Bourdin. Cette fois, c'est en avion que Frédéric Bourdin est transféré à l'hôpital pénitentiaire fédéral (US Medical Center for Federal Prisonners) de Springfield, dans l'état du Missouri, à plusieurs milliers de kilomètres de l'Oklahoma. Il reste pendant trois mois en observation à Springfield, où il profite de l'opportunité pour passer un diplôme américain, le *Certificate of High School Equivalence*, qui correspond, en France, au niveau d'une fin de première. Un diplôme qu'il a pris soin de faire valider auprès du service culturel de l'ambassade de France aux Etats-Unis. « Incroyablement, en France, je n'étais pas allé plus loin que la 5e », commente-t-il. C'est en sciences et en mathématiques que Frédéric Bourdin a obtenu ses meilleures notes.

C'est également pendant cette période que Frédéric

Bourdin renonce à faire appel une seconde fois de son jugement – le premier appel a été rejeté en décembre 1999 – et dépose une requête pour finir de purger sa peine en France. « C'est la loi, il fallait choisir entre les deux », explique-t-il. Au terme de trois mois d'observation, les psychiatres de Springfield estiment que Bourdin ne souffre d'aucune pathologie justifiant son maintien à l'hôpital pénitentiaire et recommandent son transfert dans un centre de détention ordinaire. « Tous les psys ont conclu que j'étais un manipulateur cynique, dit-il. Moi, ce que je voulais, c'était survivre. » Bourdin poursuit donc sa tournée des prisons américaines. Direction la Pennsylvanie, sur la côte Est. Après un bref passage de 48 heures dans le fameux pénitencier fédéral de Lewisburg, qui doit sa notoriété au fait qu'y sont regroupés de nombreux détenus considérés comme dangereux, Bourdin est interné à la prison (F.C.I.) d'Allenwood, à White Deer, (Pennsylvanie) le 17 juin 2000. C'est là qu'il reçoit officiellement son diplôme, en septembre, et pose pour une photo avec la cape et la toque bleues des *graduates* (diplômés). Sur cette photo, on peut voir que Frédéric Bourdin s'est laissé pousser la moustache pour faire plus viril. Il s'inscrit à un cours de gestion qu'il suit pendant quelques semaines, avant de reprendre son bras de fer avec l'administration pénitentiaire. Bourdin se lacère les bras avec une lame de rasoir. « Je voulais leur prouver que je pouvais faire ce que je voulais », dit-il. Nouveau transfert. En janvier 2001, Bourdin est envoyé à la prison fédérale (F.C.I.) de Mac Kean, toujours en Pennsylvanie. Il raconte que cette prison était autrefois réputée si agréable que les détenus l'avaient surnommée « Mac Kean, the dream (le rêve) ». Avec l'arrivée d'un nouveau directeur partisan d'une discipline extrême, qui couvre les brutalités des gardiens, le rêve a tourné au cauchemar, mais l'appellation « the dream » a gardé cours… dans un sens ironique. Pour Bourdin, le « rêve » ne dure que trois mois. Il écrit lettre sur lettre au directeur. « Je lui racontais que j'étais un extra-terrestre, explique-t-il. Je voulais leur faire écrire des rapports pour les pousser à bout. J'ai réussi : ils étaient vraiment pressés de se débarrasser de moi ». Nouveau transfert en mai 2001. Bourdin est expédié à la prison fédérale (F.C.I.) de Schuykill, à Minnersville, toujours en Pennsylvanie. Pendant quelques temps, il semble adopter une nouvelle ligne de conduite. Bourdin travaille à l'emballage de paquets, au jardinage, à la cantine. Il joue dans l'équipe de foot de la prison et donne des cours de français élémentaire à d'autres détenus. Puis, nouvel acte d'automutilation : il s'entaille la joue avec une lame de rasoir. « A la suite d'un pari avec des codétenus », affirme-t-il lors d'une première conversation. Plus tard, il donne une autre explication à ces actes d'automutilation : ils lui étaient utiles pour impressionner les autres détenus et repousser les menaces. « En me coupant avec une lame de rasoir, dit-il, je leur montrais deux choses. La première, que j'avais une arme, la seconde, que je pouvais m'en servir. » Conséquence immédiate de ce nouvel acte d'auto-mutilation, Bourdin est transféré à l'hôpital pénitentiaire (Federal Medical Center) de Fort Devens, dans le Massachussets, et placé en observation psychiatrique pendant deux mois. Diagnostic : trouble de la personnalité, sujet à tendances antisociales (*Antisocial Personnality Disorder*). Les médecins de Devens renvoient Frédéric Bourdin à la prison fédérale de Schuykill, en janvier 2002. « J'aurais bien voulu finir ma peine dans un hôpital pénitentiaire, explique-t-il. Mais cela

impliquait que je devais suivre un traitement et prendre des médicaments. J'ai refusé. »
De retour à Schuykill, où il va purger le reste de sa peine, jusqu'à sa libération, en juillet 2003, Bourdin se distingue en remportant le tournoi de tennis de table de la prison. Il est également condamné à soixante jours d'isolement disciplinaire pour « possession d'arme dangereuse ». Lors d'une fouille, il a été surpris avec une lame de rasoir dans la poche, dont Bourdin prétend qu'elle lui sert à cuisiner. Outre deux mois de quartier disciplinaire, il écope également d'un allongement de sa peine de quarante jours. Fidèle à sa réputation de détenu à problèmes, Frédéric Bourdin écrit au Département de la Justice américain et à Amnesty International pour se plaindre de ses conditions de détention. Et lorsqu'il est, de nouveau placé en quartier disciplinaire (Special Housing Unit), fin 2002, il porte plainte contre un gardien qu'il accuse de l'avoir insulté. En janvier 2003, il apprend, après des mois et des mois de négociations avec l'administration pénitentiaire que sa requête pour purger la fin de sa peine en France est rejetée. « Plus le temps passait et moins je croyais qu'un jour je sortirais, dit-il. L'idée même de libération était devenue irréelle. » Pendant sa détention, Bourdin lit beaucoup pour meubler ses jours et ses nuits. « De 1998 à 2003, j'ai lu plus de livres que pendant tout le reste de ma vie », affirme-t-il. Il dévore les romans de Stephen King. « Le meilleur écrivain de la planète. On ne fera jamais mieux », assure-t-il. Il lit aussi les *best-sellers* de James Patterson, John Grisham et Dean Koontz, qui, dans son panthéon personnel, viennent après Stephen King. Il lit Voltaire en traduction américaine et les grands maîtres de la psychanalyse : Freud surtout, mais aussi Reich et Jung. « Je

suis un passionné de psychologie et de psychiatrie. J'essaie d'en tirer des leçons », dit-il. Dans la solitude de sa cellule, Frédéric Bourdin écrit aussi. Très peu en français, beaucoup en anglais. Il reconstitue de mémoire le parcours de sa vie et note, mois par mois, tous les foyers, toutes les villes d'Europe où il est passé. Il dresse la liste de ses camarades de classe, à l'école de Mouchamps, et des garçons qu'il a connus au foyer des Grézillières. « Mes frères », écrit-il. Il dresse également la liste des éducateurs des Grézillières, ainsi que celle des élèves et des professeurs de sa classe de cinquième au CES de Saint-Sébastien-sur-Loire. Il dresse enfin la liste des adolescents, certains fugueurs, comme lui, avec lesquels il s'est lié d'amitié pendant ses voyages à travers l'Europe.

Sans tenir au sens propre un journal, il note ses pensées et des maximes tirées de ses lectures sur des feuillets libres : « Lorsque tu combats des monstres, prends garde à ne pas en devenir un toi-même et quand tu regardes au fond de l'abîme, l'abîme, lui aussi, regarde en toi », « Donnez-lui assez de corde pour qu'il se pende » (Give him enough rope so that he can hang himself !). Il écrit des chansons et des courts poèmes autobiographiques en vers : « Parfois, des gens me comprennent de travers / Au sujet de quelque chose que j'ai dit ou fait / Parfois, je ne ressens aucune joie / Alors je me détourne et je pars en courant » (Sometime some people get me wrong / About something I've said or done / Sometime I feel there is no fun / That's why I turn and run). Dans ces textes, il exprime parfois son désespoir : « Mes jours sont des fantômes de jours / Chacun d'eux l'ombre d'un espoir / Ma vraie vie n'a jamais commencé / Et je n'ai réalisé aucunes de mes ambitions » (My days are phantom days / Each one the shadow of a hope / My real life never was begun / Nor any of my real deeds done). Parfois, il laisse parler sa colère : « Un homme injustement accusé est toujours vilipendé / Par les masses ignorantes / Cet homme devrait tirer dans le tas / Il est certain de faire mouche » (A wrongly accused man is always vilified / By the ignorant masses / Such a man should fire at will / He is bound to hit something).

Dans ses élans d'introspection, et sans doute influencé par sa longue fréquentation des psychiatres, il s'interroge sur sa vraie nature. Il rédige ainsi un petit essai intitulé Psychopathe/Sociopathe, par Frédéric Pierre Bourdin. En voici la traduction littérale de l'anglais :

« Les termes sociopathe et personnalité antisociale sont souvent utilisés comme synonymes de psychopathe. Plusieurs signes de comportement ont été identifiés et d'autres sont caractéristiques du psychopathe. Ce sont le comportement antisocial, l'impulsivité, l'hédonisme, l'agressivité, l'absence de sentiment de culpabilité, une capacité distordue pour l'amour et la faculté de paraître, superficiellement, bien adapté.
De manière superficielle, le psychopathe excelle ainsi dans la vie sociale. D'un autre côté, ceux qui le connaissent bien constatent assez rapidement son immaturité, sa superficialité et son incapacité chronique à faire quelque chose de sa vie. Il ne provoque que déception chez ceux qu'il a charmés et qui attendaient plus de lui, chez ceux qui avaient commencé à croire en lui et qui continuent de voir son potentiel.
A cette insensibilité morale de la personnalité antisociale est liée son absence de sentiments au-delà du superficiel. La personnalité antisociale est typiquement cynique, ingrate, déloyale et manipulatrice. Il n'éprouve aucune empathie pour les autres et ne peut donc pas comprendre à

un niveau émotionnel de quelle manière ses actes peuvent les blesser. Les autres sont là pour être utilisés. Pour ce qui est de donner ou de recevoir de l'amour, cela est au-delà de ses capacités. Conséquence de son absence de sentiments, la vie sexuelle de la personnalité antisociale est typiquement manipulatrice et sans foi.
Le psychopathe est un hédoniste, il cherche le plaisir. Si un désir ou un caprice lui passe par la tête, il le convertit immédiatement en action. Les possibles conséquences négatives de ses actes ne le concernent pas. Son besoin permanent de stimulation le pousse à agir de manière irresponsable, sans conscience des risques encourus (...).
Ses réactions émotionnelles sont simples et quasi-animales et ne sont provoquées que par l'insatisfaction ou l'inconfort. Néanmoins, il est capable de simuler des réactions émotionnelles ou des liens affectueux lorsque cela peut l'aider à obtenir des autres ce qu'il veut. La caractéristique principale du psychopathe est son incapacité à reporter à plus tard la satisfaction de ses besoins biologiques, quelles qu'en soient les conséquences ultérieures pour lui ou pour les autres.
Le trait de personnalité le plus important du psychopathe est sa monumentale irresponsabilité. Il sait ce que sont les règles morales, du moins il est capable de les répéter comme un perroquet, mais elles sont vides de sens pour lui. Personne ne porte le masque de la normalité de manière aussi convaincante que lui. Il fait preuve d'un sang-froid extraordinaire et d'une assurance surhumaine dans des situations où les autres trembleraient de peur. Il ignore toute notion de conscience, de culpabilité ou de remord. Il commet des actes répréhensibles sans gêne et sans honte. Bien que le psychopathe, lorsqu'il a été confondu et reconnu coupable d'un acte brutal, puisse exprimer verbalement des regrets, il ne montre pas de vrai remord. Le psychopathe n'est pas angoissé ou anxieux. Il n'exprime pas de pensées clairement irrationnelles et ne se trahit pas par des comportements bizarres. Son charme initial et ses capacités oratoires détournent l'attention de son comportement déviant

et égoïste. Lorsqu'il est mis en face de ses torts, le psychopathe est capable d'exprimer assez de fausse sincérité et de remord apparent pour renouveler la confiance et l'espoir de ses accusateurs. Cependant, lorsque cette situation s'est répétée suffisamment de fois, sa comédie finit par être démasquée. Toutes les méthodes de traitement ont été essayées avec les psychopathes. En général, sans résultat notable. Les psychopathes ne développent pas la peur nécessaire pour repousser les pulsions nocives. Ils n'apprennent rien non plus des punitions qu'on leur inflige, une observation qui amène à conclure que l'emprisonnement ne peut pas modifier leur comportement, ni changer leur personnalité. On sait très peu de choses sur les possibles facteurs organiques qui pourraient intervenir dans le comportement impulsif des psychopathes (…). »

Lorsqu'on l'interroge sur le sens de ces lignes et s'il agit, en quelque sorte, d'une tentative d'autoportrait, Frédéric Bourdin hausse les épaules. « J'ai écrit ça pour voir si ça me correspondait », dit-il, laissant à son interlocuteur la liberté de répondre lui-même à sa question. Plutôt que d'un autoportrait, il s'agit d'un texte qui mêle à des considérations pseudo-scientifiques les interrogations existentielles d'un jeune homme à la vie profondément tourmentée et les fantasmes de pouvoir d'un prisonnier réduit à l'impuissance. Ainsi, sa conception du psychopathe comme quasi « surhomme » pourrait même laisser croire qu'il y voit une sorte d'idéal, de modèle à atteindre. A moins que cela ne soit un pied de nez ironique adressé aux psychiatres qu'il a toujours considérés avec méfiance. Mais de tout cela, il se dégage finalement une grande confusion et une grande détresse morale, ce qui n'est guère surprenant chez un jeune homme emprisonné depuis plusieurs années à des milliers de kilomètres de chez lui.

Pour maintenir un lien avec son pays, Frédéric Bourdin demande à sa mère de se renseigner sur le coût d'un abonnement à *Ouest France*. A 1 350 francs par an, c'est trop cher. Alors, il suit les résultats du Championnat de France de football dans *USA Today*. Il reçoit également régulièrement des nouvelles de sa famille. Ses petits cousins Pierre, Sébastien et Emilie, les enfants de son oncle Christophe, lui envoient des petits mots colorés et des dessins. Son oncle Christophe lui adresse une photo de lui, prise au bord d'une rivière, avec une carpe de quatre ou cinq kilos qu'il vient de pêcher. Sa sœur Kahina lui écrit de Toulon, où elle vit avec son petit ami, qui est militaire de carrière. Sa cousine Christelle Rossemann, qui vit à Auch, glisse dans ses lettres des photos de sa famille et de son chat. Eric, le frère de Christelle, lui dit qu'il a une chambre d'ami qui l'attend à son retour. Son grand-père, que l'âge rend fataliste, lui prodigue des conseils : « Mon petit Doudou, la vie est un théâtre, il faut que chacun joue sa comédie plus ou moins bien. (…) Il y a trop d'injustice sur cette terre et nous n'y pouvons rien… Enfin, je veux croire que, toi aussi, tu auras ta chance (nous avons tous une ou deux chances dans notre vie, il s'agit de la saisir au bon moment) ». Pierre Bourdin donne également des nouvelles du pays à son petit-fils et elles ne sont pas toujours bonnes : « La France, vois-tu, ça ne marche plus guère. L'euro fut une fumisterie pour dévaluer la monnaie. » Alors que la libération de Frédéric se profile à l'horizon, avec son cortège de questions, Pierre Bourdin tente de lui redonner courage : « Il ne faut pas te tourmenter, tu réussiras comme tout le monde. Tes voyages et la prison t'ont appris beaucoup de choses que les ignorants ne savent pas. Tu te débrouilleras et tu sais maintenant que Dieu t'aidera car il te surveille et te conseille. Un jour peut-être nous reverrons-nous ? Le principal est que tu saches que tu n'es pas seul, tu as une famille… La famille, c'est TOUT. » Quelques semaines avant sa libération, son grand-père lui écrit encore : « Que peux-tu faire pour moi ? Te conduire « droit » pour me faire plaisir et faire baisser la tête à ceux qui se sont moqués de toi. »

Cependant, c'est avec sa mère que Frédéric Bourdin correspond le plus régulièrement. Une correspondance qui a succédé à plusieurs mois de silence. Dans le reportage d'*Envoyé spécial* réalisé au début de sa longue détention, en 1999, Bourdin se plaignait en effet de ne pas recevoir de nouvelles de Ghislaine Parpaillon. Mais leur correspondance, à partir du début de l'année 2000, est difficile, plombée par le ressentiment et les vieilles rancœurs. « Je veux bien t'écrire mais je te signale que c'est toi qui m'avais demandé de ne plus t'écrire », souligne Ghislaine Parpaillon dans l'une de ses premières lettres. La mère de Frédéric Bourdin raconte avoir reçu une lettre d'insultes rédigée en espagnol qui l'a fâchée pendant plusieurs mois. Elle s'inquiète néanmoins de la nourriture qu'il mange en prison et de ses fréquentations. « (…) De quel genre de gang parles-tu ? », demande-t-elle, avant de lui livrer le fond de sa pensée sur l'un de ses co-détenus qui posait à côté de Frédéric sur une photo : « (…) Celui qui était tout en blanc n'avait pas l'air normal », écrit-elle. A Frédéric qui lui dit qu'il passe beaucoup de temps à soulever de la fonte, elle répond : « Si tu te transformes en Monsieur Muscles, à quoi vas-tu ressembler ? » Et lorsque son fils lui demande des nouvelles de la famille, Ghislaine Parpaillon lui brosse un portrait peu flatteur des autres

Bourdin : l'un est un « faux-cul et un égoïste », l'autre boit et empile les kilos… « Toute la famille nous prend pour des cons », écrit-elle. Ghislaine Parpaillon veut lui faire comprendre qu'il ne peut compter que sur « notre famille à nous deux, c'est-à-dire ta sœur, son copain qui est hyper sympa, Gilles et moi ». Les autres, ajoute-t-elle, « ne le prend pas mal, mais ils n'en ont rien à foutre de toi ». Elle lui donne parfois des nouvelles de ses trois chiens, Tarzan, Prince et Yao, de ses chèvres, de ses poules et de ses canards et le rassure sur ses mauvais rêves : « (…) Tes cauchemars cesseront quand ça ira mieux dans ta tête, quand tu seras plus calme en toi ». Elle se moque, un peu, de sa calvitie naissante : « Tu deviens chauve de bonne heure à ce que je vois et ce n'est pas mon cas. » Ghislaine Parpaillon tourne plus d'une fois les plaintes de son fils en dérision : « Voilà qu'aujourd'hui tu as une nouvelle maladie… Une tumeur au larynx, tu en as de la chance ! Tu ne sais plus quoi inventer pour qu'on s'occupe de toi. Si cela marchait avec mémé, eh bien, avec moi ça ne prend pas. » Elle s'amuse aussi, d'une façon qui trahit son ignorance et son insensibilité, de la fréquence de ses changements de prison. « A force d'être transféré, cela te fait une sortie en voiture et, en plus, tu dois être le seul à connaître toutes les prisons d'Amérique. Tu pourrais en faire un livre, cela marcherait. » En juin 2002, ils évoquent ensemble l'élection présidentielle et la Coupe du Monde de football : « (…) Je n'ai pas voté pour Jospin, tu as perdu, tu me dois un an de salaire. Encore moins pour Le Pen ! Le football, je m'en fous complètement, ça ne m'a jamais intéressée. »

Même sous les échanges les plus anodins en apparence perce ainsi une tension permanente. La rancune affleure sous chaque mot. Ghislaine Parpaillon n'a pas conservé les lettres de son fils : elles les a détruites dans un geste de rejet (selon sa fille, elle ne mentionne d'ailleurs qu'un enfant sur son C.V.). Mais ses réponses, que Frédéric a conservées, ne laissent aucun doute sur la violence des sentiments qu'ils se jettent à la figure. A une lettre de son fils, Ghislaine Parpaillon répond en septembre 2002 : « Comment te réconcilier avec mes insultes ? Je crois que tu connais déjà la réponse. Tu es égoïste, il n'y a que toi qui sais tout et qui as toujours raison (...) Si tu as foutu ta vie en l'air, cela est uniquement de ta faute car personne ne t'a demandé de faire les conneries que tu as faites. (...) Tu le reverras, ton pays, l'année prochaine, car tu seras encore en vie. Cela, j'en suis sûre car tu as la peau dure. Tu ne me reverras pas, cela je veux bien le croire. Mon erreur, c'est d'avoir voulu te faire confiance et tu m'as trahie en rejetant ta sœur, en voulant te débarrasser d'elle pour que je n'appartienne qu'à toi. Cela, tu n'en as pas le droit. » Quelques semaines plus tard, la querelle paraît oubliée. « Je me demande à quoi tu ressembles aujourd'hui, depuis le temps que je ne t'ai pas vu. Tu dois avoir changé, comme moi qui suis usée », écrit Ghislaine Parpaillon. En janvier 2003, alors que s'approche la date prévue pour la libération de son fils, elle évoque son prochain retour : « Gilles va rarement à Nantes mais, quand il ira, il regardera aux péages et te prendra dans son camion s'il te voit. (...) Quand tu seras de retour en France, tu pourras nous revoir, passer quelques jours ici, trouver du travail et une maison, puis former une famille avec une femme. Dieu t'aidera si tu es sincère et que tu y mets du tien et, tu verras, tout sera tellement plus facile. » Ghislaine joint à sa lettre une photo d'elle et son mari, Gilles, prise le jour de leur

mariage, huit ans plus tôt. Mais la réconciliation n'aura pas lieu. La rancœur est trop forte. Fin juin, quelques semaines avant la fin de sa peine, Frédéric Bourdin reçoit une dernière lettre de sa mère : « Est-ce que toutes les insultes que tu écris dans la lettre que tu m'as envoyée me concernent, ainsi que ta sœur et Gilles ? Répond en toute franchise. Quand tu dis que tu viens d'une famille d'égoïstes, de radins, cruels et menteurs (...) parlerais-tu pour toute la famille, ainsi que ta sœur Kahina, Gilles et moi ? Je t'en remercie, tu es super sympa de penser cela. (...) Es-tu sûr de vouloir finir ta vie tout seul comme un chien ? (...) Ecoute les bons conseils que l'on te donne : refaire ta vie, travailler, être honnête (...). Moi non plus, je n'ai rien oublié. Surtout le jour où pépé et mémé t'ont volé à moi à l'âge de deux ans par jalousie, car je réussissais à t'élever seule, chose qu'ils n'ont pas su faire avec nous (...) Viens nous voir si tu en as envie, fais selon ton cœur (...). J'accepte avec plaisir de te faire confiance une dernière fois. J'espère que tu seras capable de prouver à Gilles, ainsi qu'à moi et à Dieu, que j'ai eu raison de te faire confiance, en souvenir du petit garçon de deux ans qui ne comprenait pas pourquoi il ne verrait plus sa mère. »
Cette dernière invitation restera lettre morte. Frédéric Bourdin a déjà décidé, de son côté, qu'il n'irait pas voir sa mère à son retour en France. Ces six années passées en prison n'ont fait que renforcer, chez lui, le sentiment qu'elle est responsable de son malheur. Alors qu'il attend, dans un centre de transit, son expulsion vers la France, Bourdin s'en remet à Dieu. Il écrit (traduit de l'anglais) :

« Je ne serai jamais capable de comprendre la décision stupide qui m'a amené à faire les choses que j'ai faites, ni à comprendre comment j'ai pu

être aussi ignorant de l'amour de Dieu. J'attends en ce moment d'être renvoyé vers mon pays chéri après six ans. J'ai découvert l'évidence : Dieu m'aime… et il m'aime pour des raisons que mon esprit est incapable de concevoir. Pourquoi aimerait-il quelqu'un comme moi ? J'ai fait tellement de mauvaises choses. Tellement de choses horribles…
Ces six années que je viens de passer en prison n'ont pas été une perte de temps. Elles étaient nécessaires pour que je comprenne quelle route je dois choisir afin de ne plus jamais tourner le dos à Dieu. Pour que je comprenne que je ne dois jamais rien tenir pour acquis. Jamais.
Si je revois un jour mon pays, ce sera bien sûr grâce à Dieu, et sinon, je lui adresse des remerciements éternels pour tout ce qu'il m'a donné au cours de ma vie. J'ai connu beaucoup de moments incroyables, heureux et malheureux, et je le remercie pour tout.
Je demande pourtant à Dieu de m'accorder à l'avenir la force, car aujourd'hui je suis encore faible à certains égards. Pas faible comme avant, mais faible d'une nouvelle manière. J'ai tellement peur d'être seul, sans personne pour m'aimer. Mais je pense à tout ce que Dieu a déjà fait pour moi : ce qui sera, sera et je l'accepte totalement car je sais que si Dieu ne m'aimait pas, je serais déjà mort depuis longtemps et en enfer.
(…) Je ne quitterai plus jamais la France si Dieu m'accorde d'y retourner vivant. J'en ai vu assez. (…) Mon problème, c'est que je voudrais être pardonné par toutes mes victimes. Mais comment est ce possible ? Seul Dieu peut rendre une telle chose possible. Et pourquoi le ferait-il ? »

Sur un point, au moins, les prières de Frédéric Bourdin seront exaucées. Le 15 octobre 2003, soit presque six ans jour pour jour après son entrée aux Etats-Unis sous l'identité de Nicholas Barclay, il embarque en fin d'après-midi, à l'aéroport de Newark, dans le New Jersey, à bord d'un vol d'Air France. L'arrivée est prévue le lendemain à 6h15 à l'aéroport de Paris-Charles de Gaulle.

10

L'oncle d'Amérique et Bourdin des Bois

Ce n'est pas tout à fait en conquérant du nouveau monde que Frédéric Bourdin rentre au pays. En ce matin froid du 16 octobre 2003, c'est la police française qui l'attend à sa descente d'avion pour le conduire à la maison d'arrêt de Fleury-Mérogis, au Sud de Paris. Bourdin a encore quelques comptes à solder avec la justice de son pays. Il reste détenu deux jours à Fleury-Mérogis avant d'être transporté par avion, entre deux gendarmes, à Nice. Toujours sous le coup d'une peine de cinq mois de prison pour « dénonciation mensongère » prononcée en son absence par le tribunal correctionnel de Nice, il bénéficie néanmoins du pardon de la justice française. Les compteurs sont remis à zéro. Une nouvelle chance lui est accordée. Aussitôt libéré, Frédéric Bourdin va voir la mer, toute proche du Palais de Justice, puis il se rend dans une église pour remercier Dieu, comme il s'en était fait la promesse en prison. Puis il quitte Nice, une ville où il ne connaît personne. Mais il ne prend pas le chemin de la Vendée, comme autrefois, au retour de chacun de ses voyages. Sa grand-mère est morte et il n'éprouve aucune envie de rendre visite à sa mère, qu'il n'a pas vue depuis septembre 1997. Il ne ressent pas, non plus, le besoin de voir son grand-père, qui vit à Saint-Marcelin, près de Grenoble. Sans un euro en poche, Frédéric Bourdin voyage en autostop jusqu'à Auch et, le 22 octobre, il sonne à 3h du matin à la porte de son cousin Eric Rossemann. A l'improviste, tout comme, dix ans plus tôt, il avait débarqué à l'heure du dîner, un soir d'hiver, chez la mère d'Eric, sa tante Monique Rossemann. Ce cousin de vingt-cinq ans, qu'il n'a pas vu depuis l'épisode du « muet d'Auch », l'héberge pour la nuit dans l'appartement qu'il partage avec Célia, sa petite amie. Le lendemain, Frédéric Bourdin envisage de s'installer chez sa tante Monique, qui est veuve depuis 1998, mais choisit finalement de rester chez son cousin.

Pourquoi, de retour en France, a-t-il choisi Auch pour tenter de refaire sa vie ? Pourquoi s'est-il tourné vers ses cousins Rossemann ? Parce que sa cousine Christelle lui a écrit des lettres chaleureuses lorsqu'il était en prison. Parce que, s'il existe une chance pour lui de renouer avec sa famille, pense-t-il, c'est par le biais de ces cousins avec lesquels il n'a pas de mauvais souvenirs. Frédéric Bourdin dit à sa tante et à ses cousins qu'il veut travailler, s'acheter une voiture, mener une vie normale. Sa cousine Christelle l'aide dans ses premières démarches administratives pour se réinsérer : il s'inscrit auprès des services sociaux pour bénéficier du RMI et obtenir une carte vitale. Mais, pendant presque deux mois, Bourdin se laisse vivre. « J'étais crevé, je me suis mis en veilleuse », dit-il. Il n'entreprend rien et reste toute la journée chez sa tante à regarder la télévision. Une attitude qui suscite peu à peu l'incompréhension de ses cousins, qui le poussent à se prendre en main. Les Rossemann ne sont pas des gens aisés : Eric travaille dans le bâtiment, Christelle dans une boulangerie et Célia se partage entre un emploi de secrétaire à mi-temps et ses études. Après l'incompréhension, c'est maintenant l'agacement qui les gagne face à l'indolence de Frédéric. Célia, la petite amie d'Eric, le met en demeure de trouver un emploi et un logement. Sous la pression insistante de ses cousins, c'est ce que Bourdin finit par faire. Avec leur aide, il décroche un travail de caissier dans une supérette Netto et loue un studio dans un immeuble situé au 1, place de la Liberté. Il ouvre un compte en banque au Crédit agricole et, peu de temps avant Noël, il recueille un chiot à la SPA pour lui tenir compagnie. Pour meubler sa solitude, Bourdin passe des heures au téléphone. Il téléphone en mangeant, il téléphone en regardant la télévision. Il reste pendu au téléphone jusqu'au moment où il s'endort... Le reste du temps, Bourdin tourne en rond dans son studio « pourri ». Il n'a pas d'amis, pas de vie sociale et ses relations avec ses cousins se sont dégradées. Cette tentative d'installation dans une vie normale, comme les précédentes, se révèle un échec. « J'étais mal dans ma peau, malheureux, dit-il. J'ai essayé de vivre comme tout le monde mais cela revenait à prétendre que j'étais quelqu'un d'autre ». Entre Noël et le jour de l'an, Frédéric Bourdin plaque son emploi de caissier chez Netto et demande à une amie de sa cousine de venir récupérer son chien. Il quitte Auch pour aller passer les fêtes de fin d'année à Mouchamps. Après six ans d'absence, Frédéric Bourdin ne veut pas rentrer chez lui les mains vides. Dans un grand élan de générosité, il distribue des cadeaux à toute la famille. Avec ses petits cousins, il joue à l'oncle d'Amérique et leur achète téléphones portables et consoles de jeux PS2. A ses tantes, il offre de beaux bouquets de fleurs. A son oncle Christophe, du matériel de pêche et une télévision grand écran. Il téléphone même à sa mère pour lui demander quel cadeau lui ferait plaisir. Il dépense sans compter et, quand sa famille l'interroge sur l'origine de cette fortune soudaine, il répond qu'il a signé des contrats de télévision aux Etats-Unis. « Il disait qu'il avait des avocats et des journalistes qui s'occupaient de lui là-bas, témoigne son oncle, Christophe Bourdin. Moi, j'ai pensé qu'il avait touché un solde en sortant de prison ». Sa famille est à peine surprise. C'est le Frédéric qu'elle a toujours connu. Le Frédéric qui a toujours cherché à attirer l'attention. « C'était le même gamin qui voulait être admiré, qu'on le regarde comme une star, poursuit Christophe Bourdin. L'argent lui a toujours filé entre les doigts. Il a toujours tout flambé ». En effet, Frédéric Bourdin fait flamber sa carte de crédit. Pour couvrir sa famille de cadeaux, il creuse un découvert de 3 000 euros sur son compte au Crédit agricole. A Mouchamps, Frédéric est hébergé chez sa tante Reine, dans un pavillon proche du cimetière où sont enterrées sa grand-mère et sa tante Elizabeth. Il y séjourne pendant trois jours après le réveillon du Nouvel an, puis rentre à Auch. Sa tante dit qu'elle l'a mis à la porte. « Il se levait à midi et jouait à la PlayStation jusqu'à quatre heures du matin, raconte Reine Drouart. Mais, après ce qui s'était passé à Auch, ma nièce Christelle m'avait prévenue qu'il ne fallait

En permission pendant son service militaire, en 1993. Bourdin a fait trois mois dans l'infanterie de marine à Fort-de-France, en Martinique, avant d'être réformé pour raisons psychologiques. A 18 ans, il avait tenté sans succès de s'engager dans la Légion étrangère.

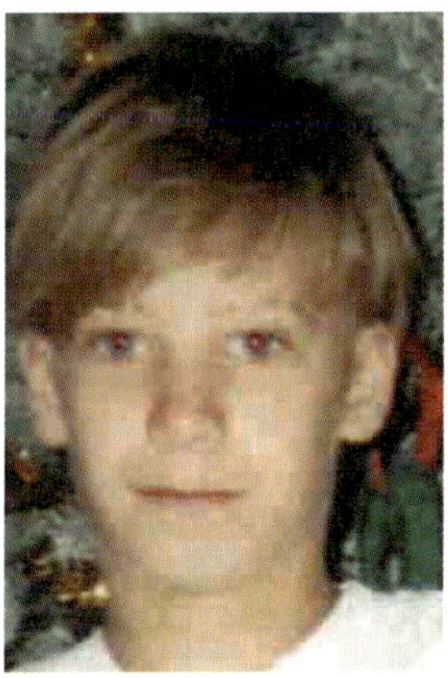

Nicholas Barclay, quelques mois avant sa disparition, à l'âge de 13 ans. C'est pour avoir usurpé l'identité de cet adolescent texan que Frédéric Bourdin a été condamné à six ans de prison.

A droite : un portrait artificiellement vieilli de Nicholas, tel qu'il pourrait être à 20 ans.

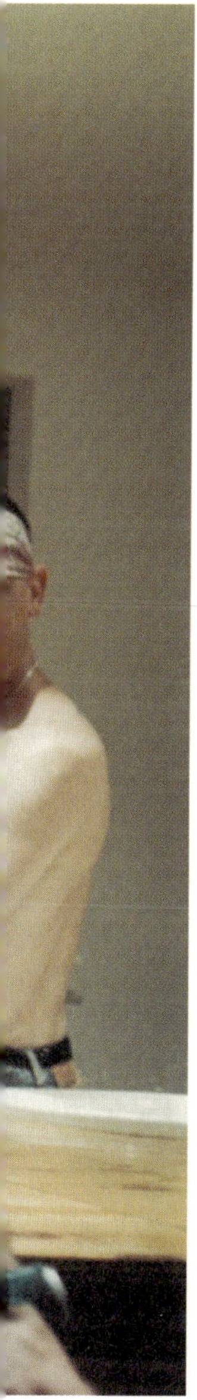

A Paris, quelques jours après sa libération de maison d'arrêt de Varces (Isère), fin juin 2004

En habit de *graduate*, lors d'une remise de diplôme à la prison d'Allenwood (Pennsylvanie), en 2000. Frédéric Bourdin, qui avait arrêté sa scolarité en 5e, a obtenu en prison le diplôme de fin d'études secondaires (Certificate of High School Equivalence) correspondant, dans le système français, au niveau d'une fin de première.

PAGE SUIVANTE :
Depuis qu'il a retrouvé la liberté, Frédéric Bourdin a repris sa vie d'errance. A 30 ans, il continue de se faire passer pour un mineur afin d'être placé dans des foyers.

pas le laisser s'installer. ». Bourdin affirme que sa tante ne l'a pas mis dehors mais qu'il est parti de son plein gré, au jour qu'il s'était fixé. « C'est bizarre. Quand j'étais chez elle, elle était aux petits soins avec moi, dit-il. Mais c'est toujours pareil avec ma famille, dès que j'ai le dos tourné, ce n'est plus la même histoire. »

De retour à Auch, Frédéric Bourdin n'y reste que le temps de récupérer quelques affaires dans son studio. « Je ne me suis pas éternisé en voyant le spectacle : il y avait des merdes de chien partout », dit-il. Bourdin va faire un tour à Arcachon pour voir la mer, puis remonte à La Roche-sur-Yon. Dans le courant du mois de janvier, il rend visite à son ancien éducateur, Yvon Bourgueil, qui vit toujours aux Herbiers, à une vingtaine de kilomètres de Mouchamps. Il lui confie qu'il a l'intention de s'installer dans la région. « Il paraissait sincère et il avait l'air fortement décidé », témoigne Yvon Bourgueil. Selon son ancien éducateur, Bourdin est alors sans argent mais refuse les structures qui pourraient l'accueillir. « Il allait manger à La Halte, un foyer pour SDF de La Roche-sur-Yon, mais refusait d'y dormir. Pour lui, cela aurait été une déchéance inacceptable », se souvient Yvon Bourgueil. Qu'il ait été sincère ou non dans son désir de s'installer dans la région de son enfance, Frédéric Bourdin se heurte une nouvelle fois à la réalité. Pris d'un nouvel accès de générosité, il projette d'organiser un fabuleux banquet familial. Avec quel argent ? Mystère. Il appelle sa mère, son grand-père, sa sœur, ses cousins, ses oncles et ses tantes pour les inviter à un déjeuner « hors gamme » aux Sables d'Olonne, la station balnéaire de la côte Atlantique. « Un déjeuner à 50 000 francs par tête avec langouste et tutti quanti. Il avait soi-disant loué tout l'hôtel », raconte son grand-père. Bourdin donne rendez-vous à ses oncles et tantes à la Roche-sur-Yon, où une limousine doit venir les chercher. Il a également invité ses cousins Rossemann : un avion privé les attendra à l'aéroport d'Auch pour les conduire en Vendée. Christophe Bourdin et son épouse Marinella, leurs enfants, et Jean-Luc Drouart, le mari de Reine, se rendent à l'invitation. Reine et Sophie, l'autre tante de Frédéric, ont décliné car elles croient à une mauvaise blague. A l'heure dite, il n'y a ni limousine, ni avion privé. A l'aéroport d'Auch, un employé explique à Eric et Christelle Rossemann qu'un avion a bien été réservé mais que le fax de confirmation n'est pas arrivé. Christophe Bourdin assure qu'il n'a pas été surpris. « J'étais sûr que ça ne marcherait pas », dit-il, ajoutant qu'il est allé au rendez-vous par affection pour son neveu. « Lorsque j'ai eu Frédéric au téléphone plus tard, il m'a dit qu'il avait pris une cuite la veille et que le garçon d'étage avait oublié de le réveiller », raconte l'oncle Christophe d'un ton navré. Frédéric Bourdin n'aime pas parler de cet épisode mais il assure qu'il était sincère et qu'il a tout annulé à la dernière minute lorsqu'il a compris qu'il ne pourrait pas réunir toute sa famille. « Je me suis disputé avec ma mère et mon grand-père a refusé de venir, dit-il. En fait, j'avais besoin d'un dernier test pour me convaincre que je n'avais rien à espérer de ma famille ».

Quelques jours après l'épisode du fabuleux déjeuner aux Sables d'Olonne, Frédéric Bourdin quitte la Vendée et fait étape à Toulon, où vit sa sœur Kahina. Il projette de partir pour l'Italie. Kahina Saidani est brune, comme son demi-frère, elle a la même mâchoire carrée que lui et la petite taille de sa mère. Lorsque Frédéric s'arrête à Toulon, elle traverse une période difficile. A vingt-trois ans, elle est sans emploi et enceinte de son nouveau petit ami, Sullivan, qu'elle a connu pendant un stage de formation en restauration. Elle se pose des questions sur cette relation et se demande si elle va garder l'enfant. De son propre aveu, Kahina a toujours eu des relations difficiles avec ce frère, de sept ans son aîné, qu'elle voyait pendant les vacances scolaires. Enfants, ils se disputaient sans cesse l'affection de leur mère. Kahina se souvient que son frère la poussait souvent à bout, parfois jusqu'à la rendre malade. Mais, plus tard, adolescente, il la faisait aussi rêver avec ses récits de voyage à travers l'Europe. « J'avais envie de voir Rome », dit-elle. Elle dit qu'à ce moment de sa vie, elle se reconnaissait aussi dans le caractère rebelle de Frédéric, son côté « Bourdin des bois » (l'expression est de lui, bien qu'il affirme ne pas s'y reconnaître aujourd'hui). Dans les premiers jours de février, Kahina et Sullivan décident de suivre Frédéric en Italie. Elle « emprunte » la voiture et la carte bancaire de son ex-compagnon et Sullivan dérobe la carte de crédit des parents de son ex-petite amie. Ils passent leur première nuit dans un hôtel de Cannes puis roulent jusqu'à Venise. Frédéric réserve une suite dans un hôtel cinq étoiles. Ils garent leur voiture, trop minable, sur un parking et se rendent à l'hôtel en bateau taxi. Dans leur suite, après s'être extasiés sur les statues de marbre, ils commandent du Champagne et du caviar. Mais ils ont été contraints de montrer leur pièce d'identité à la réception et Kahina devient nerveuse. « J'étais morte de trouille », dit-elle. Sullivan n'est pas plus rassuré. Après le Champagne, ils sortent dîner en ville mais ne rentrent pas dormir à l'hôtel. Ils remontent dans leur voiture et prennent la direction de l'Autriche. Avant la frontière, ils s'arrêtent sur une aire d'autoroute pour dormir. Réveillés par les carabiniers, qui cherchent des clandestins marocains, ils roulent jusqu'à Innsbrück, où ils louent une chambre d'hôtel avec vue sur les Alpes. Tandis que Frédéric va tranquillement au cinéma, Kahina gamberge. « Ce n'était pas ce que j'avais imaginé, dit-elle. On n'avait même pas le temps de s'arrêter pour admirer le paysage : il fallait toujours courir. Il y avait de plus en plus de tension entre nous et Frédéric avait changé, il était devenu froid et calculateur ». « Ils avaient voulu me suivre, voir comment je procédais, mais ils étaient incapables de supporter le stress », commente Bourdin. En quittant Innsbrück, ils sont arrêtés sur l'autoroute par une patrouille de police. « Pour ne pas se faire remarquer, on roulait tellement lentement que tout le monde nous doublait », raconte Kahina. La voiture est déclarée volée : ils sont interpellés. Lorsqu'il l'apprend, l'ancien petit ami de Kahina retire sa plainte. Les policiers autrichiens gardent la voiture mais les libèrent. Frédéric, Kahina et Sullivan continuent leur voyage en train. Direction Munich, en Allemagne, où il font escale pour aller manger un hamburger dans un restaurant McDonald's. Ils sont partis de Toulon depuis six jours et le voyage touche à sa fin pour Kahina et Sullivan. Il s'achève sans un au revoir. Kahina et son petit ami profitent de l'absence de Frédéric, qui est parti aux toilettes, pour s'enfuir en courant du restaurant. Ils se rendent tout droit à la gare et prennent le train pour Lille. Kahina poursuit seule le voyage jusqu'à Toulon. Dans leur chambre d'hôtel de Lille, raconte-t-elle, Sullivan est parti avec l'argent qui restait pendant qu'elle prenait sa douche. Arrivée à Toulon, Kahina se rend dans un commissariat pour se dénoncer. Mise en examen pour utilisation frauduleuse de carte de crédit, elle sera condamnée, en octobre 2004, à six mois de prison avec sursis par le tribunal correctionnel de Toulon.

Dans une lettre qu'elle écrit à son frère alors qu'il est détenu à Varces, Kahina lui annonce qu'elle a avorté, fin février, à son retour en Vendée. « Le petit Willy te dit adieu », écrit-elle. Kahina s'excuse de l'avoir « lâchement laissé tomber » en Allemagne. « La raison pour laquelle je me suis enfuie est que je ne voulais pas qu'on me retire mon bébé en prison et je ne t'ai rien dit car j'avais peur de te décevoir. Je m'en suis voulue à mort de mon comportement et je m'en veux encore. Si tu savais à quel point je peux t'aimer, tu es mon frère, mon sang et rien ni personne ne pourra changer cela. » Une déclaration d'amour et des excuses qui, aujourd'hui, n'inspirent que sarcasmes à Frédéric Bourdin. Il veut qu'il n'y ait aucune ambiguïté sur ses sentiments à l'égard de sa sœur. « Je ne l'ai jamais aimée. Elle est aussi menteuse et aussi mauvaise que ma mère », insiste-t-il. Bourdin affirme que sa mère le payait lorsqu'il était enfant pour qu'il accepte de jouer avec sa petite sœur. « Depuis, je n'ai fait que jouer avec elle, poursuit-il, et cette escapade à Venise n'était rien d'autre pour moi qu'une manipulation psychologique de plus ». Après sa sortie de la prison de Varces, en juin, Frédéric Bourdin reste quelque temps en contact avec sa sœur. Ils se téléphonent régulièrement pendant l'été. Frédéric continue de jouer avec sa sœur, jusqu'à la rupture. Depuis, entre eux, c'est la haine. Kahina a tiré un trait sur son frère. « J'espère qu'un jour il paiera pour le mal qu'il fait aux autres », dit-elle.

Tandis que Kahina Saidani se confesse aux policiers

toulonnais, Frédéric Bourdin est parti pour l'Angleterre. Quatre mois à peine après son retour des Etats-Unis, le voilà de nouveau sur la route. Sans un sou en poche et nulle part où aller. Il s'est débarrassé de ses papiers d'identité et voyage en auto-stop, le ventre vide. Comme avant. Dans quelques mois, Frédéric Bourdin va avoir trente ans mais il ne conçoit comme seul avenir que de reprendre sa vie là où il l'avait laissée en octobre 1997. « C'est la seule chose que je sais faire », avoue-t-il. Même si le temps joue contre lui, il veut continuer, comme avant, à se faire passer pour un mineur. Il a recommencé à se raser méticuleusement et à utiliser des crèmes dépilatoires qui retardent pendant plusieurs jours la pousse de sa barbe noire. Pour la première fois depuis qu'il est sorti de prison, il utilise une fausse identité pour se faire héberger dans un foyer pour mineurs, près d'Oxford. Il y reste quelques jours puis retraverse la Manche à Douvres, où il se fait payer le passage en ferry par une association qui vient en aide aux réfugiés refoulés de Grande-Bretagne et aux immigrés illégaux sans ressources. Est-il soudain fatigué de cette vie d'errance ? Toujours est-il que, lorsqu'il pose le pose le pied sur le quai, à Calais, Frédéric Bourdin a fait le choix de retourner en prison. Ce n'est pas sa seule motivation lorsqu'il appelle les gendarmes de Grenoble en prétendant être Léo Balley. Il veut attirer l'attention, certes. Il veut écrire un nouveau chapitre de son roman personnel. Mais lorsqu'il entre dans la cabine téléphonique, il le fait aussi avec la certitude qu'il sera, de nouveau, envoyé derrière les barreaux. C'est son choix.

11

La prison mentale

Entre son retour des Etats-Unis et son placement en détention provisoire à la maison d'arrêt de Varces, Frédéric Bourdin a vécu quatre mois en liberté. Quatre mois de liberté seulement, après six années de détention. Quatre mois au cours desquels il a échoué. D'abord, il s'est révélé incapable de changer de vie, de rompre avec son passé d'errance. Ensuite, il n'a pas su se réconcilier avec sa famille, son seul point d'ancrage potentiel. Ces deux échecs sont évidemment liés, indissociables même. Ils vont de paire depuis que Frédéric Bourdin a largué les amarres, adolescent. Au terme de ces quatre mois, constatant qu'il était dans une impasse, il a choisi de renoncer à sa liberté. Ce n'était pas un accident, la malchance ou un acte manqué : sa récidive était préméditée, calculée pour le ramener en prison. Il n'y avait pas d'autre issue possible à l'épisode de Grenoble. D'une certaine manière, c'est conforme au scénario de sa vie. Au Texas, il a eu l'opportunité de disparaître dans la nature et il ne l'a pas saisie : il a attendu, pendant des semaines, que le F.B.I. vienne l'arrêter. Si l'on fait le compte du temps qu'il a passé, soit dans un foyer pour mineurs, où la liberté de mouvement est relative, soit en prison, il faut bien en conclure que Frédéric Bourdin, depuis qu'il a atteint l'âge de majorité, a toujours choisi de se placer sous la tutelle d'une institution ou d'une autre. A défaut de foyer, la prison. Comme si, livré à lui-même, il était incapable d'assumer sa liberté. D'ailleurs, il se trouve à son aise à la maison d'arrêt de Varces. Tandis que son avocat s'efforce de le faire libérer au terme de quatre mois de détention provisoire, Bourdin n'a pas envie de quitter sa prison. « J'étais très bien, on me fichait une paix royale. J'avais la télé dans ma cellule et je pouvais regarder tranquillement les matches de la Ligue des Champions », dit-il.

En même temps, il a obtenu ce qu'il voulait : ne pas sombrer dans l'oubli. Pas encore. A Varces, Frédéric Bourdin n'est pas un détenu anonyme. En prenant symboliquement la place d'un enfant mort, le petit Léo Balley, il a réussi à frapper les imaginations, à éveiller la curiosité des journalistes. Ce qu'il a fait relève, pour certains, du sordide. Sur un sujet sensible, à forte charge émotionnelle, la disparition d'un innocent de 6 ans, Frédéric Bourdin a transgressé un tabou avec un parfait cynisme. On peut l'accuser d'avoir insulté la mémoire de cet enfant, ravivé gratuitement la douleur d'une famille et le trouver méprisable pour cela. On peut, dès lors, juger que Frédéric Bourdin est un détraqué qui ne mérite pas qu'on s'intéresse à lui. C'est un point de vue, peut-être majoritaire. Ce n'est pas le mien, évidemment. Je me suis laissé guider par ma curiosité pour les ressorts mystérieux de l'âme humaine, une curiosité que je crois largement partagée et plus féconde que les jugements hâtifs et le rejet. J'ai voulu comprendre le parcours peu ordinaire de Frédéric Bourdin, raconter l'itinéraire d'un garçon auquel la vie n'a pas fait de cadeau, tenter de déchiffrer le sens de ses actes. J'ai cru, aussi, que ce livre pourrait l'aider à sortir de son immense solitude. Arrivé au terme de mon enquête, je n'en suis plus certain. Comme je ne suis pas sûr de savoir qui est vraiment Frédéric Bourdin, ni vers quel destin le conduit cette voie qu'il a choisi pour échapper au désespoir et à la folie. A bien des égards, il demeure une énigme. Une magistrate qui l'a connu adolescent s'en souvient comme d'un garçon à la personnalité « impénétrable ». On pourrait tout aussi bien le décrire comme insaisissable. Ou encore double, comme sa signature. Frédéric Bourdin signe, littéralement, deux fois. Une première fois pour inscrire son nom en toutes lettres d'une écriture tremblée. Une seconde fois pour tracer, sous son nom, un court paraphe illisible. Il m'a expliqué que ce paraphe signifiait « law » (la loi en anglais), un autre surnom qu'il s'est donné à l'adolescence. En d'autres occasions, comme sur ses notes écrites en prison, il utilise une signature simplifiée : un nœud papillon surmonté des lettres « FBP », le « P » symbolisant son deuxième prénom, Pierre.

Sa fréquentation, sur une période de plusieurs mois, et nos nombreuses conversations m'ont appris qu'avec lui, les certitudes ne durent que le temps qui s'écoule entre deux discussions. Comme s'il n'y avait pas un Frédéric Bourdin, mais plusieurs. Un premier Frédéric Bourdin que son histoire de survivant rend émouvant. Celui qui tient son verre à deux mains pour cacher son tremblement. Celui dont le regard triste se perd dans le passé. C'est le Frédéric Bourdin qui a suscité la compassion et la sympathie de ceux qui ont tenté de le comprendre et de l'aider, moi compris. Un Frédéric Bourdin qui se débat avec ses angoisses mais qui sait être drôle et rire de lui-même. J'ai aussi découvert un autre Frédéric Bourdin, paranoïaque et manipulateur, qui prétend rechercher la compréhension mais utilise des méthodes de maître chanteur. Un autre Frédéric Bourdin qui, mû par une colère dévorante, se révèle parfois comme un être caractériel et foncièrement asocial. Un homme qui se vante de n'aimer personne et d'utiliser tous les gens qui peuvent lui être utiles comme des « outils », avant de les jeter comme des vieux Kleenex. L'effet produit par ce dédoublement est déroutant, déstabilisant. Si l'on considère que le premier est un masque et le second, le vrai Frédéric Bourdin, on peut en conclure qu'il est essentiellement un pervers habile à se dissimuler sous les traits d'une victime. C'est l'opinion, on l'a vu, de certains psychiatres. Mon sentiment est que le premier Frédéric Bourdin est aussi vrai et réel que le second mais aussi que, plus le temps passe, et plus le premier s'efface derrière le second dans le regard des autres.

Le premier changement spectaculaire dans le comportement de Frédéric Bourdin, je l'ai observé deux semaines après sa sortie de la maison d'arrêt de Varces. Nous sommes dans les premiers jours de juillet et il vient de signer un précontrat avec un producteur de cinéma, un autre avec une société de production de documentaires de télévision et je lui ai promis une avance pour un article accompagné de photos à paraître dans un magazine. Ce sont des sommes relativement modestes mais c'est assez pour lui assurer quelques semaines de tranquillité. Avec cet argent, il s'achète un téléphone portable et projette d'aller passer quelques jours au bord de la mer. Avant son départ, il reçoit un appel d'une journaliste travaillant pour l'émission de Mireille Dumas, *Vie privée / Vie publique*, qui le sollicite pour enregistrer une interview. Bourdin demande à la journaliste comment elle s'est procurée le numéro de son téléphone portable, qui n'est pas répertorié à son nom. La journaliste refuse de le lui dire, déclenchant sa fureur. Quelques minutes plus tard, Frédéric Bourdin m'appelle à son tour. « C'est vous qui avez donné mon numéro de portable à Mireille Dumas ? », demande-t-il. Je lui fais remarquer que je n'aurais aucun intérêt à le faire, puisque cela reviendrait à saboter mon exclusivité mais il me répond froidement qu'il n'a aucune confiance en moi. Alors qu'à sa sortie de prison, il me manifestait sa reconnaissance pour avoir consacré trois mois à enquêter sur son passé, je ne suis plus à ses yeux qu'un journaliste vénal. Bourdin soupçonne également sa sœur Kahina, avec laquelle il n'est pas encore définitivement brouillé, et son avocat, les deux autres personnes qui connaissent son numéro de portable. « De toute façon, je saurai qui est le coupable », conclut-il d'une voix menaçante. Dans un premier temps, surpris par la virulence de sa réaction, je mets l'incident sur le compte d'un accès de paranoïa. Mais Bourdin fait durer le psychodrame pendant plusieurs jours, ce qui a pour conséquence d'installer un climat de tension et de méfiance réciproque entre nous. Ainsi, je l'ai soupçonné d'avoir utilisé cet incident pour me déstabiliser et me forcer, quelques jours plus tard, à lui verser l'avance promise sur les photos avant d'avoir été payé moi-même. Selon lui, je me trompais : il n'y avait pas de lien entre les deux. Mais cet épisode m'a confirmé deux choses. La première, c'est que Frédéric Bourdin est incapable de faire confiance : le soupçon, chez lui, l'emporte sur tout. La seconde, c'est que, lorsqu'il veut obtenir quelque chose, son immaturité pathologique, qu'il croit n'être que de l'impatience, le porte à sacrifier l'avenir au profit de sa satisfaction immédiate. Pour pouvoir quitter Paris avec quelques centaines d'euros supplémentaires en poche, il était résolu à entamer une épreuve de force et à sacrifier l'un de ses rares alliés.

Vers la fin du mois d'août, Frédéric Bourdin réapparaît, de retour d'Espagne, où il a passé dans trois semaines dans un foyer pour mineurs de Catalogne, le Centro de l'Agocida para menores de Celra, près de Figueras, sous le pseudonyme de Ruben Sanchez Espinosa. Bourdin s'est fait passer pour un adolescent traumatisé, dont la mère a été tuée dans l'épouvantable attentat terroriste de la gare Atocha, à Madrid, le 11 mars 2004. Finalement identifié par la police autonome de Catalogne, il a été reconduit à la frontière sans que des poursuites soient engagées contre lui. L'expérience de ces trois semaines passées dans un foyer le rend heureux car il pense alors pouvoir continuer quelques temps encore. Quelques semaines. Quelques mois. C'est suffisant. Bourdin séjourne à Château-du-Loir, dans la Sarthe, hébergé chez des jeunes de la région qu'il a connus sur la route du retour d'Espagne. C'est une coïncidence s'il se trouve être à quelques kilomètres de la maison de campagne où je passe le mois d'août à écrire l'histoire de sa vie et il en profite pour m'emprunter cent euros afin de s'acheter un billet de train pour une nouvelle destination. Lorsque je le revois, début septembre, la donne a changé. Frédéric Bourdin a été identifié en moins de 24 heures alors qu'il tentait de se faire placer dans un foyer pour mineurs en Allemagne. Il a découvert que la fiche de renseignements en possession des policiers allemands décrit avec précision tous les tatouages qu'il porte sur le corps. Pire, une assistante sociale allemande l'a profondément ébranlé en lui déclarant avec un sourire ironique qu'il n'avait désormais plus aucune chance de se faire passer pour un mineur. « Vous n'avez pas du tout l'air d'un adolescent », lui a-t-elle dit. Bourdin est secoué. La porte vient de se fermer devant lui et il ne se voit plus d'avenir. Il est anxieux, agressif, à bout de souffle. Cependant, il existe une chance que le projet de documentaire se concrétise bientôt et je décide de lui prêter ma maison de campagne dans la Sarthe pendant quelques jours, en attendant le feu vert de la production.

Frédéric Bourdin va pouvoir souffler. Il me remercie. Dix jours plus tard, la production du documentaire est enfin lancée et Frédéric Bourdin me témoigne sa reconnaissance… en refusant dorénavant de m'adresser la parole. Il a décidé de m'humilier en m'ignorant totalement. C'est le prélude à un sabotage intégral. Il traite par le mépris l'équipe de tournage et exige qu'on le traite avec les égards dus à la « star » du film. Il tente de semer la division entre le réalisateur, Vassili Silovic, la productrice, Lucie Pastor, et moi. Lorsqu'il n'y parvient pas, il provoque des tensions en refusant de tourner une scène en extérieur sur une aire d'autoroute sous un prétexte fumeux. Pendant les interviews, Bourdin s'agace des questions qu'il juge trop imprécises et s'égare dans des digressions incompréhensibles. Au terme de la première journée de tournage, on peut lire l'incrédulité dans le regard des techniciens. « Qu'est-ce qu'on fait ici avec ce dingue ? », se demandent-ils. Un sentiment que je partage lorsque je regarde Bourdin : il s'est rasé le haut du crâne et les tempes pour ne garder qu'une touffe de cheveux sur l'arrière de la tête. Si son intention était de ressembler à un moine shaolin, le résultat est que cette coupe de cheveux, en soulignant les proportions extrêmes de son front, lui donne plutôt l'apparence du Travis Bickle psychotique (le personnage interprété par Robert De Niro) de la fin de *Taxi Driver*. A la fin de la deuxième journée, le réalisateur, la productrice et moi sommes sur les nerfs, déboussolés. Est-on en train d'assister à la désintégration, au propre et au figuré, de notre sujet : Frédéric Bourdin se révélant devant la caméra n'être qu'un mythomane bon pour l'hôpital psychiatrique ? Ou bien est-ce qu'il se paye notre tête et a décidé de tout foutre en l'air ? La réponse nous est donnée le troisième jour : Frédéric Bourdin déclare au réalisateur Vassili Silovic qu'il ne le trouve « pas assez stimulant intellectuellement ». Puis il enfonce le clou. « Je suis quelqu'un de très banal et si vous avez cru le contraire, c'est que vous avez fantasmé sur mon histoire », ajoute-t-il avec une mauvaise foi tellement évidente qu'elle en devient une insulte. Bourdin nous accable de son mépris. Il a réussi à écœurer tout le monde et, dans ces conditions, le tournage s'arrête provisoirement.

Frédéric Bourdin est trop narcissique pour se priver ainsi de l'opportunité qui lui était offerte de se montrer dans un documentaire de télévision. J'ai vu son œil briller lorsqu'il visionnait, des années après, le reportage réalisé sur lui par ABC. J'ai vu, aussi, la fierté amusée avec laquelle il montrait ce même reportage à un psychiatre qui l'avait aidé adolescent, le docteur Jean-Paul Milanese, la veille du début du tournage. Il disait alors qu'il allait « donner le meilleur de lui-même » dans ce documentaire. En fait de meilleur, il a montré le pire de Frédéric Bourdin. Et il l'a fait avec un zèle autodestructeur qui semble annoncer une catastrophe imminente. « Un jour, je me tuerai car je suis certainement foutu. J'espère seulement que j'arriverai à me faire comprendre auparavant et à convaincre les gens que je ne suis pas mauvais. Sinon, tant pis… », écrivait-il, au printemps dernier, dans une lettre de prison. Mon sentiment, lorsque nous avons déposé Frédéric Bourdin à la gare du Mans, après trois jours de tournage cauchemardesques, était qu'il avait choisi le « tant pis ». Le lendemain, Frédéric Bourdin m'a appelé pour s'excuser de son « mauvais caractère ». Il m'a expliqué qu'il avait voulu me faire payer une remarque désobligeante que je lui avais adressée quelques jours plus tôt dans un moment d'irritation. Une pique, dans mon esprit sans importance, sur le fait qu'il n'avait jamais travaillé de sa vie mais qui l'avait, m'a-t-il dit, profondément vexé. Plus tard, j'ai découvert une autre explication à son comportement : Frédéric Bourdin ne « sentait » pas le réalisateur. Il a perçu un soupçon de mépris chez Vassili Silovic, qui n'était sans doute que de l'incompréhension, et le lui a fait payer sur le champ. Bourdin a obtenu satisfaction : un nouveau réalisateur, Jean-Pierre Gras, a pris le relais. Mais, ce faisant, il a dévoilé une nouvelle facette peu engageante de sa personnalité : son absence totale de respect ou de considération pour les autres.

Un égoïsme abyssal qui, combiné à sa profonde immaturité, ce qu'il appelle son « mauvais caractère », le rend inapte à un échange normal avec autrui.

Sans entrer dans une analyse psychologique des personnalités multiples, un sujet qui exige des compétences que je ne possède pas, j'ai souvent entendu Frédéric Bourdin parler des différentes voix qui débattent à l'intérieur de son crâne au moment de prendre une décision. A l'entendre, on a l'impression que c'est un véritable parlement qui siège dans sa tête. « Je me range à l'avis de la majorité », dit-il. On peut penser qu'il s'agit d'une description naïve du travail de la conscience ou des hallucinations d'un esprit autiste… Au fond, ce qui en ressort, c'est que Frédéric Bourdin ne dialogue et n'échange réellement qu'avec une personne : lui-même. Il n'a jamais eu d'autre interlocuteur que lui-même. J'ai également été frappé par la promptitude avec laquelle il change radicalement de comportement et de quelle façon son discours peut se transformer d'une minute à l'autre. Et le plus frappant est que ce sont moins les circonstances extérieures qui semblent dicter ces changements brutaux que les décharges de son cerveau volcanique. Frédéric Bourdin ne connaît pas le repos. Jamais. Il est sans cesse aux aguets, en quête d'un signe qui confirmera ses soupçons. « J'envisage toujours le pire, dit-il, et j'anticipe les événements. » Il ne fait confiance à personne. Il est seul au monde. Seul dans sa tête. Seul dans la prison mentale qu'il s'est construit. Frédéric Bourdin explique qu'il s'est créé un monde imaginaire pour s'évader mais on pourrait aussi bien dire qu'il a emprisonné le monde dans sa tête et que le monde s'y est figé dans l'état, hostile et menaçant, où il le percevait à quatorze ans. C'est pourquoi, depuis l'âge de ses premières fugues, il n'a pas avancé d'un pouce. Il ne fait que buter sur le même obstacle. Il ne fait que répéter les mêmes comportements, les mêmes actions, les mêmes échecs.

Frédéric Bourdin passe un temps considérable à disséquer ce qui se passe dans sa tête. « Je suis sans doute la personne qui se connaît le mieux au monde », dit-il, comme s'il avait observé au microscope chaque cellule de son corps jusqu'au vertige. A force de se pencher sur le mystère de son être, Frédéric Bourdin a fini par s'y perdre. Comme dans un labyrinthe, il erre à l'intérieur de lui-même sans trouver la sortie. Cette prison mentale, Frédéric Bourdin l'a construite avec pour fondations ses souffrances d'enfant. Des souffrances pour lesquelles il demande, de façon totalement irréaliste, des comptes au monde entier. « Dans tout ce que j'ai fait, tous mes actes (...) tout ce que j'ai recherché, c'est l'amour, l'affection, la reconnaissance de mon incroyable et inhumaine souffrance et des terribles injustices dont j'ai été victime. Bien sûr, je l'ai aussi fait par vengeance, pour montrer au monde ce qu'il a fait », écrit-il dans une lettre. Il oublie au passage que beaucoup de gens ont tenté de l'aider et qu'il les a tous mis en échec. Mais, en vérité, le monde ne peut rien pour Frédéric Bourdin car il s'est programmé pour le pire. Il peut bien chercher à émouvoir en parlant de « l'enfant duquel je serai toujours prisonnier car il veut une justice impossible à lui rendre », plus le temps passe et moins on l'écoutera. A trente ans, avec son passé judiciaire, il ne peut plus compter sur la tolérance et la compréhension dont il bénéficiait encore à vingt ans, au sortir de l'adolescence. C'est la réalité à laquelle il se heurte aujourd'hui. Et la seule question qui vaille est de savoir si Frédéric Bourdin est capable de prendre en compte cette nouvelle réalité et de s'y adapter. Tout laisse à penser qu'il n'en a pas la volonté et qu'il n'a pas l'intention de dévier de sa trajectoire.

EPILOGUE

Frédéric et son ombre

Il n'y a rien de plaisant au spectacle d'un homme qui court à sa perte. A la fin, quand le rideau tombe, il ne reste qu'un sentiment de gâchis. Comme une petite défaite pour l'humanité. A ce stade de sa vie, Frédéric Bourdin n'a plus beaucoup d'options. « Je peux encore vous surprendre », lance-t-il par bravade. Mais la jeunesse derrière laquelle il s'est caché jusqu'à présent s'est envolée comme une illusion. Les traits de son visage se sont accusés, sa silhouette s'est épaissie. Il n'y peut rien. Le temps fait son œuvre et, un jour prochain, la porte des foyers pour mineurs se refermera pour toujours. En ces derniers mois de 2004, Frédéric Bourdin ne fait que retarder l'échéance. Il vit avec le tic-tac d'un compte à rebours dans la tête. Ce qui le guette, ensuite, en toute logique, c'est une marginalisation irréversible, un lent processus de déchéance sociale, entrecoupé de séjours en prison. Frédéric Bourdin assure qu'il choisira plutôt le suicide. « Je préfère être mort que SDF », dit-il. Bien sûr, il flirte depuis si longtemps avec l'idée de sa mort imminente, il l'a même mise en scène plusieurs fois, que l'on peut douter de sa parole. C'est ce qui arrive aux menteurs. Quand ils disent la vérité, on ne les écoute plus. Cependant, je le crois sincère lorsqu'il dit qu'il choisira le suicide plutôt que d'accepter sa déchéance car cette image d'homme brisé, de vaincu lui est insupportable. C'est contre ce destin de victime qu'à sa manière il se bat depuis l'enfance. C'est le sens de la guerre sans espoir qu'il mène contre le monde et, au bout du compte, contre lui-même.

Jusqu'à présent, sa volonté de vivre a prévalu face à l'adversité et Frédéric Bourdin est déjà revenu, plus d'une fois, des tréfonds du désespoir. Cette volonté s'est développée, aiguisée au fil du temps, jusqu'à devenir ce qu'il décrit lui-même comme un système de pilotage automatique qu'il actionne lorsque le signal d'alerte s'allume dans son cerveau. Mais, comme rien n'est jamais simple avec Frédéric Bourdin, il attribue aussi à cette force vitale une dimension menaçante. « Je lutte depuis longtemps contre ce que cette partie de moi veut me pousser à faire », m'a-t-il dit plusieurs fois. Frédéric Bourdin semble alors donner raison à ceux qui prédisent, un jour ou l'autre, un passage à l'acte radical. « Un jour, il va craquer », estime ainsi l'ancien agent du F.B.I., Nancy Fisher. Frédéric Bourdin connaît ces soupçons qui l'accompagnent comme une ombre. Il ne cherche pas à les dissiper. « Nancy Fisher a peut-être raison », réagit-il quand on lui rapporte ces propos. J'ai parfois pensé qu'il entretenait ces soupçons dans le but de paraître plus mystérieux et plus dangereux qu'il ne l'est en réalité. Parce que c'était utile à sa quête de célébrité. Il me semblait que cette ombre qui le suit était la création virtuelle d'un talentueux manipulateur. Il m'a démenti : « Vous vous trompez. J'en ai peur, au contraire ».

Dans le même temps, lorsqu'il laisse libre cours à sa colère, parce qu'il se sent ignoré ou méprisé, Frédéric Bourdin tient parfois des propos inquiétants. « Je sais quoi faire pour qu'on n'oublie jamais mon nom », dit-il avec des accents mégalomaniaques. Il me fait alors penser à Érostrate, ce jeune Grec d'Ephèse qui, en 356 avant J.-C., a brûlé le temple d'Artémis, l'une des sept merveilles de l'Antiquité, pour que son nom reste à jamais dans l'Histoire. J'ignore si Érostrate a eu une enfance malheureuse ou s'il était fou à lier mais je sais qu'il a été mis à mort pour son crime. Dans ces moments de colère, Frédéric Bourdin se voit certainement partir dans un grand retentissement médiatique. Je sais qu'il a déjà fantasmé sur une fin brutale et sinistre. Ce n'est qu'un fantasme mais il m'est arrivé d'être troublé lors de certaines de nos conversations, lorsque Frédéric Bourdin me donnait le sentiment qu'à tout prendre, il avait choisi d'écouter cette voix intérieure qui lui dit que le rôle du bourreau est plus enviable que celui de la victime.

Un soir, à la mi-novembre, Frédéric Bourdin m'a appelé de Metz, où il avait encore réussi à se faire placer dans un foyer. Il m'a dit que la seule chose qu'il espérait de la vie était de passer un agréable Noël, le dernier. « Je vous ai toujours dit la vérité mais je ne vous ai pas dit toute la vérité », m'a-t-il expliqué sur le ton de la confession. Plus d'une fois, au cours de mon enquête, j'ai eu le sentiment frustrant d'être parvenu aux limites de mon intelligence en tentant de déchiffrer la personnalité de Frédéric Bourdin. J'en suis venu à la conclusion que je ne possédais pas toutes les pièces du puzzle et que cette ombre qui l'accompagne était aussi faite de ces secrets que Frédéric Bourdin ne veut ou ne peut partager avec personne. Au sujet de certains épisodes de sa vie, comme les mauvaises rencontres qu'il a pu faire lorsqu'il était un adolescent fugueur, il m'a répondu que « certaines choses ne devaient pas sortir de l'armoire ». Qu'a-t-il encore « omis » de me révéler de sa vie et quels autres secrets conserve-t-il cachés dans cette armoire ? Je ne connais pas la réponse mais je crois qu'elle ne changera rien à ce que je pense de Frédéric Bourdin. En lui consacrant ce livre, je sais que j'ai comblé son désir de reconnaissance. Quant à moi, j'ai fait un voyage jusqu'aux frontières de ce que je suis capable de comprendre sur les voies mystérieuses qu'emprunte notre esprit pour échapper à la souffrance et au désespoir.

FIN

**CE LIVRE A ÉTÉ RENDU POSSIBLE
GRÂCE AUX TÉMOIGNAGES DES PERSONNES,
TÉMOINS DES DIFFÉRENTS ÉPISODES DE LA VIE
DE FRÉDÉRIC BOURDIN, QUI SE SONT CONFIÉES À L'AUTEUR.
QU'ELLES EN SOIENT TOUTES REMERCIÉES.**

<u>Famille de Frédéric Bourdin</u>
Ghislaine PARPAILLON, la mère de Frédéric Bourdin – Pierre BOURDIN, son grand-père – Christophe BOURDIN, son oncle – Kahina SAIDANI, sa sœur – Reine DROUART, sa tante – Monique ROSSEMANN, sa tante

<u>Mouchamps</u>
Bernard VACHON, ancien maire de Mouchamps – Guillaume BODIN, ancien camarade de classe – Michèle SYLVESTRE, institutrice – Yvon BOURGUEIL, éducateur – Hugues VILAIN, médecin

<u>Les Grézillières</u>
Régis POTREAU, directeur du foyer Les Grézillières – François-Marie DIT CALAIS, directeur général adjoint de l'A.D.S.E.A. – Michèle AYRAUD, ancienne éducatrice – Djamel G., ancien pensionnaire – Laurent M., ancien pensionnaire – Luc ROUSSEAU, psychiatre

<u>Fugueur</u>
Hélène CAZEAU, magistrate, ancien juge des enfants – Yvette BERTRAND, commissaire de police, brigade des mineurs de Paris – Dr Jean-Paul MILANESE, psychiatre, ancien responsable du service de pédo-psychiatrie de l'hôpital de Saint-Dizier

Le muet d'Auch

Christian ANIORT, journaliste – Guy ETIENNE, magistrat, ancien procureur d'Auch – Philippe FAISANDIER, magistrat, ancien substitut du procureur d'Auch

Sur la route

Bernard BOUTIER, producteur de télévision – Jean-Pierre RAULT, directeur du foyer Chantepie, à Rennes – Emilia PETRULLO, assistante sociale à Potenza (Italie)

Texas

Nancy FISHER, ex-agent spécial du F.B.I. – Jack STICK, ancien procureur fédéral adjoint de San Antonio – Jack CARTER, avocat

POUR L'AIDE ET LES ENCOURAGEMENTS
QUI LUI ONT ÉTÉ APPORTÉS,
L'AUTEUR TIENT ÉGALEMENT À REMERCIER :

Me Sébastien Villemagne, Claudine Bodin, la mairie de Mouchamps, Elisabeth Ehrmann, le service documentation de la ville de Nanterre, Mardjane Teherani, Teri Whitcraft (ABC),

et aussi :

Lucie Pastor (Cinétévé) pour sa perspicacité, Patrick Robin pour sa confiance,

et enfin :

Marion D'Antonio, ma première lectrice.

Impression réalisée par
ACTIS

Maquette couverture : Thierry Gracia
Fabrication : Forlini-Baratier & ASS
Photo de couverture : François Darmigny
Photos : Pages 73 à 76, 173 et 175 : DR
Page 173 (N. Barclay) Center for Missing and Exploited Children
Pages 174 et 176: François Darmigny

Imprimé en France
Dépot légal : Mars 2005
ISBN : 2-7533-0014-3

PR 030305D